Johanna Schmidt

HOTEL
SCHWARZER BÄR
GERA

Mein Elternhaus

INHALT

© September 2004 - Johanna Schmidt
Redaktion: Margot Schmidt
Gestaltung: Katrin Dommermuth
Herstellung und Verlag:
Books on Demand GmbH, Norderstedt
Printed in Germany

ISBN 3-8334-1939-3

VORWORT

Erinnern Sie sich noch an das Hotel "Schwarzer Bär" in Gera, vielleicht in Verbindung mit einem besonderen Besuch, einer Hochzeit oder einem Geburtstag? An ein spezielles Festtagsmenue oder einen gemütlichen Abend in geselliger Runde. Ich wünsche mir sehr, daß Sie gerne daran zurückdenken. So wie ich es noch heute tue, mich mit Freude an meine Kindheit und Jugend in meinem Elternhaus, dem "Bären" in Gera erinnere.

Auch alle die das Hotel nicht kannten, nehme ich mit auf eine Zeitreise durch die Geschichte des Hauses unter der Familie Fischer. Sie werden von Ereignissen lesen, die in keinem Archiv aufbewahrt werden. Das Mosaiksteinchen meiner Familie, das ich der 500 jährigen Geschichte des Hotels "Schwarzer Bär" einfüge, ist in seiner Chronik (siehe Seite 106) nur ein kurzer Abschnitt.

Der Rückblick auf die Ereignisse der Geschichte Deutschlands ab Ende des 19. Jahrhunderts ist voller Höhen und Tiefen. Kaum vorstellbar, daß alles in meinem eigenen 90 jährigen Leben geschah. Kaiserreich, Erster Weltkrieg (1914-1918), Weimarer Republik, Drittes Reich, Zweiter Weltkrieg (1939 - 1945), Teilung Deutschlands in BRD und DDR. 1953 Enteignung der Familie Fischer. Das Hotel wird HO Betrieb bis 1976. Endgültiges Ende des Hotels "Schwarzer Bär" durch Sprengung vom 26.-28. Mai 1976.

Eine künstlerisch gestaltete Postkartenansicht des attraktiven Hotels mit Großstadtflair aus den 1920er Jahren, den "Golden Twenties".

RESTAURANT · HOTEL · RESTAURANT

RZER BÄR · GERA /R.

MEIN ELTERNHAUS

Hotel "Schwarzer Bär" Gera

Zurückreichend bis ca 1918 gehen meine Erinnerungen an meine Familie und Elternhaus. Aber begonnen hat die Ära "Fischer" für das Hotel 1895, als mein Großvater Georg Fischer mit seiner Ehefrau Helene im Alter von 41 Jahren das Hotel erwarben. Seit 1880 gehörte ihnen ein Delikatessengeschäft auf dem "Steinweg". Georg Fischer war Koch, ein besonders qualifizierter. Seine Hoheit der Herzog von Sachsen-Altenburg verlieh ihm den Titel "Hoftraiteur". Diese Auszeichnung ebnete ihm den Weg als späteren Hotelbesitzer. Georg und seine Ehefrau waren beide im Geschäft tätig. In ihrem verhältnismäßig kleinen Laden wurde es ihnen zu eng. Sie trauten sich mehr zu. Als das Hotel "Schwarzer Bär" umständehalber zum Verkauf angeboten wurde, stürzten sie sich in das Abenteuer. Der Gewinn in einer Klassenlotterie machte die Finanzierung möglich. Das Hotel war im Besitz der Familie Stötzner, den Eltern des berühmten Asienforschers *Walther Stötzner* (1882-1965). Im Jahr 1883 erbaute der Architekt *Friedrich Köberlein* (1845 - 1922) im Auftrag von Louis Stötzner auf dem Gelände von über 2000 qm, an der Schloßstraße, zwischen Bärengasse und der Straße Neustadt, einen dreigeschossigen schönen Klinkerbau mit Flachdach. Es gibt heute noch ähnliche Häuser im Stadtbild Geras. Erbaut im Selbstbewußtsein der Gründerzeit, gediegen und wertvoll. Mit vielen schönen Stuckdetails an der Außenfront,

Meine Großeltern,
Georg und Helene
Fischer, geb. Graf,
die Begründer der
Ära Fischer in der
Geschichte des
"Hotels Schwarzer
Bär", Gera, fotogra-
fiert um 1890.

So warb man zu Louis Stötzners
und Georg Fischers Zeiten,
Ende des 19. Jahrhunderts. Beim
Vergleich der beiden Anzeigen
kann man den Fortschritt des
Hauses erkennen.

Blumenkästen schmückten die Fensterbänke. Edel ausgestattete Speiseräume mit Holzvertäfelungen, imposanten Stuckdecken und Kandelabern schufen eine gepflegte Atmosphäre. Louis Stötzner verstarb 1892, seine Ehefrau Anna, geb. Dietz verkaufte drei Jahre später das Hotel. Für meine Groß-eltern war der "Schwarze Bär" ein sehr verlockendes Angebot. Zur einen Hälfte des Komplexes gehörte das Hotel mit 60 Zimmern, Restaurant, Café und Weinstuben, sowie den notwendigen Nebenräumen, dem großen Küchen- und Wirtschaftsbereich. In der anderen Hälfte befanden sich vier Geschäfte, darüber Arzt- und Rechtsanwaltpraxen und Privatwohnungen. Die Familie Fischer, Eltern mit Sohn Kurt (1884 -1953) und Tochter Elli (1891-1957) zog in die zweite Etage. Meine Großeltern ergänzten sich auf besonders effektive Weise. Georg sorgte für den reibungslosen Ablauf in der Küche, Helene

war für den gesamten kaufmännischen und organisatorischen Bereich zuständig. Bei einem Unternehmen mit ca 40 Angestellten, keine leichte Aufgabe. Mit viel Arbeitseinsatz und unermüdlich, was oft zu Lasten der Familie ging, gelang es Ihnen, das Hotel zum ersten Haus am Platz zu führen. Es wurde zur Herberge vieler prominenter Gäste und zum Treffpunkt der prosperierenden Geraer Gesellschaft.

Links ein Blick in den Hof des Hotels.
Mein Großvater packt selbst mit an,
er vernagelt eigenhändig Weinkisten.
Foto oben: Blick in die Schloßstraße,
rechts hinten das Hotel "Schwarzer Bär".

KINDERZEIT

Die Großfamilie unter einem Dach

Über meine ersten Lebenstage und -jahre kann ich nur vom Hörensagen berichten. Die Geburt sollte Anfang Juni 1914 stattfinden. Die letzten Tage vor dem Termin wartete man gespannt, ob sich der ersehnte Stammhalter und Erbe einstellen würde. Damals wurde diese dringende Frage erst bei der Geburt beantwortet. Bisher gab es eine vierjährige Tochter, meine Schwester Gertrud, genannt "Püppi". Für den werdenden Vater stand am 4. Juni, dem voraussichtlichen Geburtstermin, die jährliche Kegelpartie auf dem Kalender, die nicht verschoben werden konnte. Ich nehme an, daß meine Ankunft nicht mit großem Jubel begrüßt wurde. "Wieder nur ein Mädchen". Der Vater hatte es offenbar sehr eilig mit seinen Kegelbrüdern loszuziehen, um seine Enttäuschung hinunter zu spülen. Zu meiner Überraschung las ich den Vermerk auf der Geburtsurkunde, die ich 1940 zwecks Eheschließung benötigte "das Kind hat noch keinen Namen erhalten." Nach einigen Tagen ein weiterer Eintrag: "das Kind hat den Namen Johanna Elisabeth erhalten".

.Meine Eltern Kurt Fischer und Martha Schöne stellten sich 1909 mit diesem Portraitfoto als junges Ehepaar vor.

Gleich zu Anfang des ersten
Weltkrieges geriet mein Vater in
französische Gefangenschaft.
Für ihn ließ sich die Familie im
Hotelvestibül fotografieren.
Von links nach rechts obere Reihe
Tante Elli, Ich (Johanna Fischer),
meine Mutter Martha, Großvater
Georg, davor Großmutter Helene mit
meiner Schwester Gertrud.
Aufgenommen Ende 1914.

Ein Familienmitglied scheint über den Zuwachs nicht sonderlich begeistert gewesen zu sein, das war meine Schwester. Mein anhaltendes Gebrüll veranlaßte sie zu dem Vorschlag, "stellt den doch auf den Dachboden". Die Erklärung, ich sei ein Mädchen und kein Junge, kommentierte sie lakonisch: "wird schon noch einer werden". Beim Stillen fragte sie meine Mutter "was säuft denn der?" Einmal wollte sie den brüllenden Säugling mittels eines Schlüsselbundes zum Schweigen bringen, Tante Elli konnte dies verhindern. Auch später war sie immer gerne die "Große", aber nicht mehr so rabiat.

Im August, zwei Monate nach meiner Geburt, brach der erste Weltkrieg aus. Kaiser Wilhelm II rief seine Soldaten zu den Fahnen. Mein Vater, Jahrgang 1884, wurde eingezogen. Für meine Mutter begann eine sehr schwierige Zeit. Kurz nach Kriegsbeginn brach die Feldpostverbindung ab und wochenlang wußte niemand was draußen geschehen war. Dann endlich die Nachricht, mein Vater sei verwundet und in französische Kriegsgefangenschaft geraten, wo er bis Kriegsende 1918 verblieb. Ich denke manchmal, die Gefangenschaft hat ihm vielleicht das Leben gerettet.

Die Jahre waren für die ganze Familie eine große Belastung und Sorge. Die Großeltern hatten sich aus dem Geschäftsleben zurückgezogen, waren nicht mehr im Vollbesitz ihrer Kräfte, nun mußten sie wieder mit einsteigen. Meine Mutter war keine gelernte Hotelfachfrau, noch nicht mit dem Betriebsablauf vertraut, außerdem mußte sie sich um das Baby kümmern. Zu allem Unglück erkrankte gleich zu Kriegsbeginn meine Schwester schwer an Scharlach und Nierenentzündung. Der Hausarzt war schon eingezogen, aber die tatkräftige Großmutter fand in dieser dramatischen Situation einen älteren Arzt, der sofort an ihr Krankenbett eilte.

Die entbehrungsreichen, trostlosen Kriegsjahre schleppten sich dahin und gingen endlich nach vier Jahren zuende. Eines Morgens, wir warteten im Schlafzimmer auf die Friseuse, die die herrliche Haarpracht meiner Mutter kunstvoll aufstecken sollte, klingelte es. Nicht die Friseuse kam, der Telegrafenbote brachte ein Telegramm. Meine Mutter öffnete es, wurde leichenblaß, taumelte auf ihr Bett und murmelte: "der Papi kommt wieder" und fing an zu weinen. Soviel Dramatik machte mich dem bevorstehenden Ereignis gegenüber ziemlich skeptisch.

Ich versuchte die sehr geliebte Mutti zu trösten mit der Feststellung: "Wir brauchen keinen Papi, wir haben genug Bilder". Die hatte er uns öfters aus der Gefangenschaft geschickt. Das Schicksal nahm seinen Lauf. Zunächst mußten wir Kinder ein Gedicht lernen, welches ein Freund der Familie anläßlich der Heimkehr verfaßt hatte. Wir sollten es im Wechsel aufsagen, den Anfang habe ich nie vergessen, er lautete wie folgt :

"Nun laßt die Fahnen weh'n im Wind
nun freut sich Vater, Mutter und Kind
nun seht in allen Kästen nach,
wo noch ein Stück Schokolade lag...."

Meine Mutter reiste meinem Vater nach Kassel entgegen, um ihn ungestört von der Familie, den Angestellten, Gästen, Nachbarn, Freunden und Bekannten in die Arme zu schließen. Jahre später hat mir meine Mutter, erzählt, daß meine Großmutter verlangte, er solle am Tag nach seiner Rückkehr sofort seine Pflichten im Hotel wieder übernehmen. Es wurde ihm keine Zeit für die Familie gelassen. Die große Tochter war jetzt acht Jahre alt, vor vier Jahren hatte er sie zuletzt gesehen, die kleine kannte er nur als drei Monate altes Baby. Das Verhältnis der Väter zu ihren Kindern war damals geprägt vom Respekt und Gehorsam, den die Kinder zu erbringen hatten, was der Vertrautheit und Zuneigung nicht förderlich war. Ich war zu klein und konnte nicht rebellieren, daß mein Kinderbett aus dem elterlichen Schlafzimmer in das Zimmer meiner Schwester gestellt wurde. Mein ganzes, kurzes Leben lang war ich nur an meine Mutter gewöhnt, ein Vater schien mir überflüssig, er wurde mir aber ein freundlicher, humorvoller, doch eine gewisse Distanz konnten wir nie überwinden.

Wie schön, wenn Mutti Zeit zum Vorlesen hatte, ein Sonntagsidyll. Papi, der begeisterte Amateurfotograf, hat es im Bild festgehalten. Wir sind fein herausgeputzt mit Rüschenschürzen und großen Haarschleifen.

Für mich begann eine neue Zeit, die Eltern im Hotel tätig, meine Schwester morgens in der Schule und ich vom Kinderfräulein betreut. Die Mahlzeiten wurden gemeinsam eingenommen. Wir wohnten in der dritten Etage. Die Großeltern, eine Etage tiefer mit Tochter Elli, meiner Lieblingstante. Sie wohnte auch nach ihrer Heirat mit Ehemann Hans Bockmühl und Tochter Hildegard, meiner um acht Jahre jüngeren Cousine, in dieser Wohnung. Hilde war für mich, als sie geboren wurde, eine lebendige Puppe, deren Heranwachsen ich mit höchstem Interesse verfolgte. Unsere gute Freundschaft aus Kinder- und Jugendtagen verbindet uns auch heute noch im hohen Alter. Immer wieder frischen wir gern die Erinnerungen an früher auf. "Weißt Du noch?"

Das Zusammenleben in der Großfamilie hatte für uns alle Vorteile, natürlich besonders für uns Kinder. Dankbar begriff ich dies erst viel später. Wir fanden immer eine vertraute Person, die sich Zeit für uns nahm. Obwohl die Eltern auch an Wochenenden und Feiertagen im Hotel arbeiteten, waren wir nie allein und mußten keinen Wohnungsschlüssel um den Hals tragen. Besonders gern besuchten wir die Großmutter. Sie hat unser Leben sehr lange begleitet. An meinen Großvater habe ich eine einzige Erinnerung. Als er leider schwer krank wurde, durfte ich, wenn es ihm etwas besser ging, mit der Puppenbürste die Haare bürsten. Ich war sieben Jahre alt als er 1921 verstarb. Der Tag der Beerdigung ist mir unvergessen. Georg Fischer war eine stadtbekannte Persönlichkeit, es wurden so viele Kränze geschickt, daß sie auch im Hausflur ausgebreitet werden mußten. Für den Transport zum Ostfriedhof wurde ein zweites Fahrzeug herangeschafft, da sie auf dem Leichenwagen keinen Platz fanden. Der Wagen wurde von schwarzen Pferden gezogen, die Trauergemeinde folgte in Kutschen. Wir Kinder blieben mit dem Kinderfräulein zu Hause. Meine Schwester, elf Jahre alt, wollte zum Zeichen der Trauer eine schwarze Schleife tragen, ich natürlich auch. Wir fühlten uns in der Schule aus der Kinderschar herausgehoben. Mit Trauer hatte das wohl wenig zu tun.

Meine Großmutter ist mir dafür um so mehr in Erinnerung. Sie war eine gebildete, energische, gut aussehende Frau, von den Angestellten heimlich "die deutsche Eiche" oder die "schöne Helene" tituliert. Unser Küchenchef nannte sie die "alte Dame". Bis in ihr hohes Alter machte er jeden Neujahrsmorgen seine Aufwartung. Für meine Großmutter war das ein Ritual. Beim Austausch von Erinnerungen und Neuigkeiten aus dem Hotelbetrieb wurde mit einem Glas Sekt auf das neue Jahr angestoßen. Ich war sehr gerne bei diesen Besuchen dabei und bewunderte Herrn Müller in seiner adretten Berufskleidung und meine Großmutter in ihrem Sonntagskleid. Hier trafen Tradition und Stil zusammen, es hat mir einen nachhaltigen Eindruck hinterlassen. Dem Alter wurde Respekt und dem tüchtigen Mitarbeiter Anerkennung entgegengebracht.

Helene Fischer, als kluge Geschäftsfrau, hielt die Zügel fest in der Hand, bis mein Vater die Leitung des Hotels übernahm. Der Betrieb hatte immer Priorität und in der Familie war sie die absolute Respektsperson. Es gab aber noch eine ganz andere Seite der "schönen Helene", die sie mir so unvergeßlich macht - das war die Großmutter. In Kindertagen "Muttel" genannt, später "Omi" und zuletzt sehr freundschaftlich, "Helene". Nachdem sie sich endgültig aus dem Hotel zurückgezogen hatte, schenkte sie uns Enkelkindern viel Zeit, mit Vorlesen aus Geschichten der Gebrüder Grimm, Andersen's

Märchen und eigenen Erzählungen. Um uns das Verständnis für Geld näherzubringen, gab es eine Sonntagsmark. Da im Hotel alles vorhanden war, was man "brauchte" und die Ansprüche sehr bescheiden, wanderte meine Mark in die Sparbüchse. Der Inhalt verlor leider seinen Wert in der Inflation. Eine Million, die eigentlich nichts wert war, uns aber als Spielgeld reich machte, erhielten wir als höchste Anerkennung für ein gutes Schulzeugnis.

Lagen wir krank im Bett, setzte sich die Großmutter zu uns und tröstete. Die Mutti war im Geschäft und hatte wenig Zeit, sehr zu ihrem eigenen Bedauern, wie sie mir später einmal sagte. Man sieht die Dominanz der alten Dame, die Schwiegertochter hatte sich um das Geschäft zu kümmern. Meine Eltern wußten uns aber in sehr guten Händen.

Auch meine engsten Freundinnen, später in der Schule, waren Omi Fischer willkommen. Bei schönem Wetter lud sie uns ein und wir unternahmen gemeinsam in ihrem offenen Auto mit eigenem Chauffeur vergnügliche Ausflüge. Die Ziele durften wir selbst bestimmen. So landeten wir häufig im Schwimmbad in Auma, auf der "Kanone" in Tautenheim zu Kaffee und Kuchen, oder zum "Studentenbummel" mit Rostbratwurstessen auf dem Markt in Jena. Sie förderte unser Interesse für das Theater, unsere Schwärmereien für die jugendlichen Helden (z.B. Will Quadflieg) und Tenöre (z.B. Johannes Moseler). Auch für Georg Thomalla schwärmten wir eine zeitlang, aber ein jugendlicher Held zählte doch mehr als ein Operettenbuffo. Sie ließ sich manche Mark abknöpfen, damit wir den jeweiligen Favoriten am Künstlereingang des Theaters einen Blumenstrauß überreichen konnten.

Meine Großmutter mochte die Jugend und fühlte sich in ihrer Gesellschaft wohl. Vielleicht holte sie im Alter das nach, was sie als Geschäftsfrau ihren

Kindern nicht geben konnte, viel Zeit für große und kleine Nöte und Freuden. Wir zwei hatten eine ganz große Übereinstimmung, in Bezug auf Bücher. Durch schwere Arthrose in beiden Kniegelenken stark gehbehindert, saß sie auf ihrem Sofa, ich daneben. Wir lasen, kritisierten und diskutierten stundenlang. Das brachte mir den Namen "Schmökerhanna" ein. Meine engen freundschaftlichen Beziehungen zur "Kanitzschen Buchhandlung" kamen uns dabei sehr entgegen. Mit Gunne, Tochter des Inhabers Herrn Reich, hatte ich die Zabelschule besucht. Der gute Draht zu den literarischen Schätzen war nicht abgebrochen. Ich durfte eine Auswahl Bücher zusam-

Die Familie von links Schwester Gerty mit Schülermütze, meine Großmutter, die bis in ihr hohes Alter konservative, damenhafte Mode bevorzugte, meine Eltern in sportlichem modernen Dreß und ich auf einer Autotour.

menstellen, die meiner Großmutter zugeschickt wurden. Ein oder zwei Exemplare schenkte sie mir dann. Ihre starke Persönlichkeit hat mich geprägt und einen nachhaltigen Einfluß auf mein Leben genommen, ich bin ihr sehr, sehr dankbar. Kurz vor Ausbruch des zweiten Weltkrieges starb sie am Morgen ihres 85. Geburtstages. Viel Aufregung und Kummer wurden ihr erspart.

Meine Mutter dagegen war eher zurückhaltend, wurde nie laut, oder demonstrierte ihren Unmut durch Zornesausbrüche. Figürlich mittelgroß und schlank fiel ihr wunderschönes dunkelblondes, gewelltes Haar auf. Als es eines Tages dem in Mode gekommenen Bubikopf und der Schere zum Opfer fiel, war dies für die ganze Familie ein bedeutendes Ereignis. Mein Vater, der zunächst wenig begeistert war, befand aber, daß er seine schicke Frau im Bild festhalten mußte. Meine Mutter hatte sich mit stiller Beharrlichkeit durchgesetzt, außerdem brauchte die Friseuse morgens nicht mehr zu erscheinen, um mit vielen quälenden Haarnadeln ein Kunstobjekt auf den Kopf zu zaubern. Wir fanden unsere gepflegte Mutti sehr hübsch.

Unser Haushalt war gut organisiert und mit den jeweiligen Kinderfräuleins hatte sie ein glückliches Händchen. Sie betreuten uns während der Abwesenheit der Mutter und blieben viele Jahre bei uns. Meine Lesefreudigkeit fand auch bei meinen Eltern Unterstützung. Theater- und Konzertbesuche waren in der Familie selbstverständlich. Zwei Abonnementplätze, Donnerstags Orchestersessel dritte Reihe rechts, blieben nie leer. Wir verabschiedeten die Eltern feierlich, wenn sie einträchtig losgingen. Sie paßten gut zu einander - meine Mutter gelassen, vielleicht könnte man sagen bescheiden, schlank und agil, mein Vater etwas größer, rundlicher, aufgeschlossen, humorvoll, gern für einen Spaß zu haben. Er wäre lieber Chemiker geworden, hatte sich aber dem Wunsch seiner Eltern gefügt, das Hotel zu übernehmen und eine kaufmännische Lehre absolviert, mit Praktikum im Hotel ”Ritz” in Kairo. Mit Unterstützung seiner Frau und später seiner Töchter hat er das Niveau des Hauses auf einen hohen Standart gebracht. Unser Familienleben war vorwiegend harmonisch und ruhig. Niemand stellte übertriebene Ansprüche. Mein Vater ging gerne seiner Lieblingsbeschäftigung, dem Fotografieren und dem Arbeiten in der Dunkelkammer nach. Meine Mutter pflegte jahrelang ihre Bridge-Runde mit ihren Schulfreundinnen. Schwierigkeiten, die es zweifellos gab, wurden nicht vor uns Kindern ausgetragen, nie gab es

Mit ihrer neuen Frisur scheint sich meine Mutter sehr gut zu gefallen, auf Fotos lächelt sie sonst nur ganz selten.

böse Worte, auch nicht über Andere. War eine Standpauke für uns Kinder notwendig, fand diese unter vier Augen statt.

Nach den Erinnerungen an die Großeltern und Eltern wende ich mich wieder dem "Bären" zu. Für uns Kinder war der Gebäudekomplex ein unerschöpfliches Entdeckungsfeld. Meine frühen Kinderjahre verbrachte ich in den Wohnungen der Eltern und Großeltern, die geräumig und im Stil der Gründerzeit eingerichtet waren. Mit großen, schweren Buffets, verziert mit zahlreichen Schnitzereien. Die Fenster mit Samtgardinen und Spitzenstores dekoriert. Sehr schöne Meißner Kachelöfen sorgten für leider wenig behagliche Wärme. Im Wohnzimmer faszinierte mich immer wieder eine Schwarzwälder Wanduhr, deren Kuckuck ein Lied aus dem Freischütz pfiff. Ein Podest mit geschnitztem Geländer und gepolsterter Sitzbank vor einem Fenster im wenig benutzten Salon, regte uns zu dem beliebten Spiel "Hochzeit" an. Inspiriert durch mehrere Hochzeiten, zu denen wir als Blumenstreukinder ausgeliehen wurden. Wir hatten darin einige Routine, gaben ein hübsches Bild in unseren hellen, duftigen Kleidern aus Musseline und Blumenkränzen auf unseren Köpfen.

Bei unserem Spiel "Hochzeit" übernahm meine Schwester die Regie, sowie die interessanten, tragenden Rollen und ich mußte mich fügen. Es wurde nur am Sonntag gespielt, an diesem Tag gab es frische Handtücher für Schleier und Schleppe. Die Braut war ich, meine Rolle stumm. Die Handlung begann mit dem Einzug der Braut, vom Kantor, meine Schwester, auf dem Klavier begleitet. Tiefe Töne unterstrichen die Feierlichkeit. Dann fliegender Wechsel zum Pfarrer, der würdevoll auf dem Podest, dem Altar, stand, während die Braut davor knien mußte. Überliefert ist eine Predigt, die zur Erheiterung der heimlichen Zuhörer folgendermaßen lautete: "Die Ehe ist wie ein großer Wald, je tiefer man hinein kommt, desto dunkler wird es". Woher meine Schwester diese Weisheit hatte, wußte niemand. Der harmonische Spielverlauf endete leider häufig dramatisch bei ihrer immer wiederkehrenden Frage, obwohl sie vorher stets beteuerte, heute würde sie diese nicht stellen: "Nun Braut, wo hast Du denn Deinen Bräutigam?" Damit platzte mir der Geduldsfaden, ich riß die bräutliche Dekoration ab und lief heulend davon, denn ich hatte keine Antwort.

Wir Blumenstreukinder fanden das Fotografieren sehr langweilig

IM GARTEN

...... und viel Zeit in freier Natur

Ein festes Programm im Tagesablauf war der Spaziergang mit dem Kinderfräulein. Unsere Mutti brauchte einen Mittagsschlaf, um sich von der anstrengenden täglichen Arbeit, die spät am Abend endete, zu erholen. Der "Bär", mitten in der Stadt gelegen, hatte weder Balkon noch Garten. Die Kinder mußten an die frische Luft. Die Notwendigkeit sahen wir nicht ein, wenn die große Schwester maulte, ließ mein Echo nicht lange auf sich warten. War das Ziel der Küchengarten und der Puppenwagen durfte mitgenommen werden, fiel unser Protest geringer aus. Wurde er bei einem weiteren Weg zu heftig, stellte man uns etwas Wunderbares in Aussicht, eine Fahrt mit der Straßenbahn. Gera war die zweite Deutsche Stadt nach Frankfurt am Main 1884, die im Jahre 1892 dieses moderne Transportmittel einsetzte.

Von Debschwitz nach Tinz, Pforten nach Untermhaus und Bahnhof nach Pöppeln. Endhaltestelle am heutigen Dahliengarten und am Ende der Küchengartenallee, kurz vor der Elsterbrücke. Meistens benutzen wir diese Linie, um auf den Hofwiesen Luft zu schnappen. Als wir größer wurden, ging der Spaziergang über den Faulenzerweg nach Heinrichsgrün oder am Schloß Osterstein vorbei nach Ernsee zum Kaffeetrinken. Dieser Weg war besonders beliebt, denn die imposanten Gebäude des Schlosses standen noch unversehrt auf dem Hainberg. Bewohnt von der fürstlichen Familie

("Ferschtens"), auch noch als alle Fürsten-, Königs- und das Kaiserhaus abgeschafft waren. Die Spaziergänger erfreuten sich an den schönen, großen Blumenbeeten vor dem Hauptgebäude. Es gab keine Absperrungen. Auch wir Kinder blieben immer voll Bewunderung stehen. Einmal rief jemand oben aus dem Fenster: "Ihr dürft Euch eine Blume abpflücken". Ich weiß nicht, wer der freundliche Mensch war, für uns war es die "Prinzessin".

An einem besonders schönen Frühlingstag wurde ein Ausflug in das Brahmetal gestartet, an dem auch zu unserer großen Freude die Mutti teilnahm. Für diese Strecke benutzten wir die Straßenbahn bis Tinzer Schloß. Dort, wo heute die Autobahn die damals so hübsche Landschaft verschandelt, gab es einen kleinen Wald mit unzähligen Annemonen, Himmelschlüsseln und Leberblümchen. Mit viel Vergnügen pflückten wir alle herrliche Blumensträuße und verzehrten danach am Waldrand die mitgebrachten Butterbrote. Die Straßenbahn beförderte die glücklichen Ausflügler zurück in die Stadt.

Schön war es auch im Tinzer Schloßpark oder auf der Fasaneninsel spazieren zu gehen, zurück über die Eselsbrücke, dort mit einem längeren Halt. Wir warteten auf einen Zug, der mit viel Dampf unter der Brücke durchfuhr. Dann rannten wir ganz schnell auf die andere Seite, um noch einmal vom Dampf eingehüllt zu werden und auf den letzten Wagen zu spucken.

Diese Spaziergänge erforderten von uns Kindern einige Kondition. War sie durch Krankheit eingeschränkt, und die Rekonvaleszentin bedurfte einer speziellen Behandlung, hatte sich mein Vater etwas Besonderes ausgedacht. Trude, meine Schwester oder Hannchen, ich, mußten an die "Kinderriviera", einem Abschnitt in der damaligen Bismarckstraße (Friedrich Engels Straße) vom Bahnhof bis zur Zabelstraße. Dort stand umgeben von einer großen Mauer die Späth'sche Klavierfabrik. Hier war das Ziel der Rehabilitationskur. Mittags lag die Mauer windgeschützt in der prallen Sonne, die uns die müden Lebensgeister wieder erwecken sollte. Wir waren nicht die Einzigen, die dort auf- und abgingen. Wir trafen auch andere Kinder. Ich fand es sehr unterhaltsam. Punkt 12:00 ertönte die Fabrikpfeife, eine Menge Arbeiter strömten aus dem Tor, von ihren Frauen oder größeren Kinder draußen erwartet. Sie brachten das Mittagessen in Henkelmännern, schön warm verpackt in Weidenkörben. Die Männer setzten sich an die Mauer oder auf das Trottoir (Gehweg) und löffelten ihre Mahlzeit. Wie vielen Menschen mag dieser Ort Wohlbehagen und Genesung gebracht haben?

Ein ganz besonderes Ausflugsziel war unser Garten, außerhalb der Stadt. Mein Großvater hatte um etwa 1890 eine aufgelassene ca 10.000 qm große Kiesgrube erworben. Auf der Ronneburger Höhe in der Nähe des Ferberturmes, mit herrlichem Weitblick in das Elstertal, Zaufensgraben bis Ronneburg, wo später die Wismuthalden die Landschaft zerstörten. Auf der anderen Seite ging der Blick über Leumnitz, die Stadt in Richtung Langenberg. Bedingt durch die Struktur der Kiesgrube war das Terrain hügelig und abwechslungsreich. Aus dem kahlen Gelände von einst war innerhalb weniger Jahre eine schön gestaltete Gartenanlage gewachsen. Heute geben die über 100 Jahre alten Bäume, die ich noch als verhältnismäßig klein in Erinnerung habe, dem Gelände einen ganz besonderen Charme. Rundherum waren damals nur Felder, kein Mensch weit und breit. Im oberen Teil stand das Gartenhaus, umgeben von Kletterrosen, dem Steingarten und Blumenrabatten. Hügelabwärts lag der Abschnitt mit einem Teich, der großen Wiese, ehemals

Tennisplatz. Der Weg führte weiter in den ausgedehnten Obstgarten. Ein Gärtner, Herr Plietsch und seine Helferin, Frau Mittenzwei, waren fest angestellt, um das große Gelände in Ordnung zu halten. Zur Beerenernte wurden Kochlehrlinge, Spülfrauen und Zimmermädchen wechselweise nachmittags in den Garten beordert. Die Arbeit war sehr beliebt. Man saß in fröhlicher Runde zusammen, sortierte und entstielte das Obst, welches später in der Hotelküche verarbeitet wurde. In der Pause stärkte man sich mit Butterbroten und dem in der "Laase" (Emaillekanne mit Deckel) mitgebrachten Kaffee. Niemand sah auf die Uhr und ließ die Arbeit fallen, wenn es etwas später wurde. Die Zeit verging wie im Flug, spät am Abend wanderten alle zufrieden nach Hause.

Die Ernte war sehr erfolgreich, meine große Schwester tut so als ob sie die Körbe tragen könnte, ich halte mich lieber von allen Anstrengungen fern.

Unser Garten war ein Paradies für Kinder. Erlebniswelt, und mit viel frischerer Luft als in der im Elstertal gelegenen Stadt. Häufig hing über ihr eine große, graue Dunstglocke. Der Rauch aus den hohen Schloten der zahlreichen Textil- und Maschinenfabriken, Färbereien wurde ungefiltert in die Luft geblasen. Einerseits brachten die Fabriken Arbeitsplätze und Wohlstand, aber an den Umweltschutz und die Gesundheit dachte damals niemand. Auf unserem Heimweg vom Garten über die Schiller-Eiche, durch die Schillerstraße war die Dunstschicht gut zu beobachten, bis man selbst wieder in den Mief eintauchte.

Der Weg von der Schloßstraße zum Garten war weit und beschwerlich, da stark ansteigend. Erst als wir etwas größer waren, schafften wir die Strecke. Es mußten viele Dinge mitgeschleppt werden, vor allem die Esserei. Im Garten gab es keinen Herd und keinen Wasseranschluß. Gebrauchswasser holten wir aus der Regentonne oder einem großen Auffangbecken. Benötigten wir unbedingt Trinkwasser, mußten wir es in einer entfernten Gartenwirtschaft, der "Ostendfarm" erbitten. Dort stand nur ein Zapfhahn im Keller zur Verfügung. Trotzdem haben meine Schwester und ich die letzten Kriegstage mit unseren Kindern, eines mit Masern, ich mit gebrochenem Fuß im Gipsverband, im Gartenhaus verbracht. Damit greife ich aber vor.

Erwähnenswert sind die vielen schönen Erinnerungen, die mit dem Garten verbunden sind. Mein Geburtstag im Juni wurde, nachdem ich in die Schule gekommen war (1921) bis zur Eheschließung (1940), häufig dort oben gefeiert. Die Einladung erging immer mit dem gleichen Hinweis "zieh Dich nicht zu gut an, wir feiern im Garten". Kaffeetafel und Puddingschlacht fanden im Gartenhaus statt. Ausgetobt haben wir uns im weitläufigen Gelände bei Versteckspielen, Sackhüpfen, Blinde Kuh und vielen anderen Spielen. Gemeinsam mit meinen Freundinnen, die heute noch leben, erinnern wir uns immer wieder an die beliebten Geburtstagfeiern. Es machte uns an diesem Tag nichts aus, den beschwerlichen An- und Abmarsch von jeweils fast einer Stunde auf uns zu nehmen. Ich bin meiner Mutter und dem jeweiligen Kinderfräulein dankbar für die viele Mühe, die sie sich gemacht haben. Beide trugen wesentlich dazu bei, daß ich heute, mit 90 Jahren sage, "ich hatte eine sehr schöne Kindheit".

Meine Gedanken gehen noch oft zum Garten. Ich erlebe wieder die ersten, milden Frühlingstage mit üppig blühenden Obstbäumen, den unendlich vielen, duftenden Veilchen. Eifrig pflückten wir zahlreiche kleine Sträuße, die in der Familie verteilt wurden. Das reife Obst erfrischte uns an heißen, sonnigen Sommertagen. Wenn wir mit großen Blumensträußen beladen auf dem

Mein Vater hat meine Mutter, Schwester, das Kinderfräulein und mich im Garten für seine Plattenkamera in Szene gesetzt. Kleidung und Frisuren erinnern an die Zeit der "Wandervögel" oder "Jugendbewegung"!

Mein Refugium die Birkenbank am Gartenhaus,
romantisch hinter überquellenden Heckenrosen
versteckt. Viele Erinnerungen an meine Kinder- und
Jugendzeit umranken diesen schönen Platz.

Heimweg die Schillerstraße erreichten, riefen uns die Kinder zu: "Frau gähm'se (geben Sie) mir e Stügge Blume". Im Spätherbst wurden die Besuche auf der Ronneburger Höhe seltener, obwohl es schöne Stimmungen mit buntem Laub gab. Gelegentlich lockten uns noch die reifen Kastanien zum Sammeln. Viel Vergnügen bereiteten uns die Schlittenpartien im Winter bei Schnee und Sonne.

Die unbeschwerten, frühen Kindertage gingen über in die Schulzeit. Nun hüpfte ich tagtäglich die Steintreppen von der dritten Etage hinunter, nachmittags spitzte ich an den rauhen Stufen die Griffel für die Schiefertafel. In der zweiten Etage kam ich an der Praxis unseres Hausarztes Dr. Meinhardt vorbei. In der ersten Etage wohnte Familie Hemmann, die Inhaber des Pelzgeschäftes. Die großen Ladenräume befanden sich unten an der Ecke der Schloßstraße - Bärengasse. Später nahm die Sozietät der Rechtsanwälte Paul und Hauptmann in der Wohnung ihren Sitz. Der Teilhaber Herr Hauptmann stammte aus einer jüdischen Familie, die auf der anderen Ecke Schloßstraße-Bärengasse ein Haushalts- und Spielwarengeschäft hatte. Sie wanderten in der Nazizeit nach Argentinien aus. Der andere Teilhaber der Praxis, Dr. Rudolf Paul, wurde nach Ende des zweiten Weltkrieges Oberbürgermeister von Gera, zwei Monate später erster Ministerpräsident Thüringens.

Im kleinen Laden mit Werkstatt neben dem Pelzgeschäft arbeitete viele Jahre die Putzmacherin Fräulein Maria Bauer. Ich schreibe bewußt "Fräulein", damals gab es noch den gesellschaftlich streng gebräuchlichen Unterschied zwischen "Fräulein" und "Frau". Auch Kaiser's Kaffeegeschäft hatte eine Niederlassung innerhalb des Gebäudekomplexes. Von uns Kindern gern frequentiert, denn dort gab es Rabattmarken. Für eine genügende Anzahl, erhielt man ein Kaffeegeschirr. Dank der Einkaufsfreudigkeit von uns drei Enkelinnen gelang es meiner Großmutter eines zu ersparen. Bestimmt hätte sie sich bei Bedarf das Geschirr kaufen können. Sie benutzte wohl unseren Sammeltrieb, um jederzeit über eine willige Einkaufshilfe verfügen zu können.

Die Mieter der Geschäfte wechselten von Zeit zu Zeit. Aus "Kaiser's Kaffeegeschäft" wurde "Uhren Pelka". Nur das "Herrnhuter Zigarrengeschäft" blieb, für die "Bären" Gäste bequem zu betreten durch einen zweiten Eingang vom Hotelvestibül. Beim Öffnen der Tür verbreitete sich ein würziger Tabakduft, den ich noch heute zu riechen meine.

DAS HOTEL
Räume zum Verweilen ....

Tagsüber war die repräsentative, zweiflügelige Eingangstür immer geöffnet. Man betrat geradeaus das Hotelvestibül oder rechts durch einen erhöhten Windfang mit kunstvoll geätzten Glasscheiben das Café. Auf der Stufe stand "Salve", ein aus Mosaiksteinchen gestalteter Empfangsgruß, ein typisches Ensembel aus der Gründerzeit.

Das immer sehr belebte Vestibül mit Reception und Sitzecke war weniger zum Aufenthalt gedacht. Von dort aus erreichte man links das Büro, rechts die drei Hoteletagen und die Gasträume durch einen Rundbogen. Verziert mit Wandmalereien, die der berühmte Sohn der Stadt Gera, *Otto Dix*, im Auftrag meines Vaters gestaltet hatte.

Die Gastronomie war der wichtigste Teil des Gesamtbetriebes. Dem bereits erwähnten Café schlossen sich ineinander übergehend das Kleine Restaurant, das Große Restaurant, der Speisesaal (Festzimmer), die Weinstube und das Kneipzimmer an. In den beiden Restaurants wurde auch das Frühstück für die Hotelgäste serviert. Ein Frühstücksbuffet war damals noch nicht bekannt. Die Räume konnten je nach Bedarf durch Schwingtüren getrennt werden. Holzvertäfelungen, Parkett, schöne Stuckdecken, Ölgemälde und Kupferstiche gaben den hohen, großzügigen Räumen eine einladende, repräsentative Atmosphäre. Selbstverständlich gehörten dazu weiße Damasttischtücher mit

Nach dem Abbruch des alten Gasthofes
"Schwarzer Bär" entstand 1888 das repräsentative
neue Hotelgebäude. Erbaut vom Architekten
Friedrich Köberlin im Auftrag des damaligen
Besitzers Louis Stötzner.

passenden Servietten, Silberbestecke mit eingraviertem Schriftzug "Hotel Schwarzer Bär", sowie frische Blumen. Bei Festlichkeiten schmückten zusätzlich silberne Leuchter mit großen weißen Kerzen die Tafeln, ihr Glanz ließ die geschliffenen Gläser funkeln. Ein schöner Anblick, den mein Vater auf seinen häufigen Rundgängen durch die Gasträume erfreute. Die Zufriedenheit seiner Gäste lag ihm am Herzen.

Gruss aus dem „Hôtel schwarzer Bär" Gera, Reuss.

BUCHDR. BUHR & DRAEGER. GERA.

Das Café, beliebter Treffpunkt der Geraer. Besondere Schmuckstücke des Raumes sind die beiden Marmorsäulen und das prunkvoll ausgestaltete Buffet. Die Abbildung ist die Reproduktion einer alten Postkarte aus dem Jahre 1901

Foto links oben: Blick
vom Kleinen Restaurant
in das Café.
Darunter das große
Restaurant in der Original-
ausstattung von 1888.
Die pompöse Stuckdecke
läßt den Geschmack der
Gründerjahre deutlich
erkennen.

Festlich gedeckte Tafel im
Speisesaal. Die rot-graue Tapete,
rote geraffte Vorhänge und
Spitzenstores schaffen eine
repräsentative Atmosphäre.
Über der Tür zur Weinstube
hängt die alte Ansicht des
"Schwarzen Bären", die dem
Maler Theodor Fischer, nach
1900, zugeschrieben wird (nicht
verwandt mit meiner Familie).
Links der Fügel. Die Haus-
kapelle unterhielt die Gäste mit
Tafel-und Tanzmusik.

Tagsüber wurde das Café gern besucht. Der Blick durch die großen Fenster zur Schloßstraße bot Abwechslung. Mit seinen Holzstühlen und runden Marmortischen ähnelte es den Wiener Caféhäusern. Leise plätscherte der Goldfischbrunnen, aus dem Becken nahmen die Hunde der Gäste gelegentlich einen Schluck Wasser. Schmuckstück des Raumes war das kunstvoll gestaltete Buffett.

Auch die anderen Räume hatten jeweils ihre Besonderheiten. Der exclusivste Treffpunkt des Hauses war die Weinstube mit ihrem Marmorkamin, Ledersesseln, Teppichen und Kronleuchtern. Hier und im anschließenden Kneipzimmer fanden häufig kleinere Festlichkeiten statt. Die verschiedenen Räume machten den Aufenthalt immer abwechslungsreich.

Der Zeit entsprechende modernste Ausstattung wurde dem Gast in den Hotelzimmern, damals noch Einzel- und Doppelzimmer, geboten. In der ersten Etage standen ein Schreibzimmer und ein großer Ausstellungsraum zur Verfügung.

In diesem Raum fand auch die Weihnachtsfeier für die Angestellten statt. Bei den Vorbereitungen der Bescherung habe ich meiner Mutter gerne geholfen. Die großen Tische wurden mit weißen Tafeltüchern bedeckt und mit Tannengrün geschmückt. Ein stattlicher Weihnachtsbaum gab dem Raum eine festliche Atmosphäre. Die Beschenkten fanden ihren Platz durch einen mit Namen versehenen Briefumschlag mit dem Weihnachtsgeld. Wein, Sekt, Schokolade, Zigarren für die Männer, ein Weihnachtsteller mit Keksen und ein selbstgebackener Christstollen gehörten ebenfalls dazu. Mein Vater hielt eine kleine Ansprache, die Feier verlief leider nur kurz und herzlich, da die Arbeit weiter gehen mußte.

Zum Hotelbetrieb gehörten zahlreiche Wirtschaftsräume wie Küche mit Kühl- und Gefrierraum, Wäscherei mit Heiß- und Kaltmangel und Nähzimmer, sowie verschiedene Vorratskammern. Der gesamte Gebäudekomplex war unterkellert mit verschiedensten Räumen zur Lagerung von Konserven, Bier, Obst u.s.w. Der größte Teil des Kellers stand der Weingroßhandlung als Lager zur Verfügung. Mein Vater, Kenner und Liebhaber guter Weine und Spirituosen, hatte sehr gute Beziehungen zu Winzern vieler Weingüter verschiedenster Lagen. Darauf aufbauend gründete er die Weingroßhandlung.

Weine in Fässern und in Flaschen, rollten aus den bekannten Weinanbaugebieten des In- und Auslandes auf den Hof des Hotels. In den Kellerräumen standen Anlagen zum Abfüllen der Flaschen, sowie Kork-, Kapsel- und Ettikettiermaschinen. Die fertigen Flaschen wurden in verschiedenen Kellerräumen und dem Höhler, mit konstanter Temperatur von 18 Grad, gelagert. Rotwein in einem besonders temperierten Raum. Im "Tageskeller" lagen in großen Kühlschränken Weine, die in den Restaurants am häufigsten verlangt wurden.

Extra verschlossen war das "Museum", ein Kellergewölbe, in dem mein Vater seine exclusivsten Weine hütete. Die Bezeichnung "Museum" bezog sich auf die dort verwahrten Schätze, kleine Partien älterer, ausgesuchter Jahrgänge z.B. aus dem hervorragenden Weinjahr 1921. Der kleine alte Keller war schummrig beleuchtet, die verstaubten Flaschen, mit teilweise nur noch schwer zu entziffernden Etiketten, schlummerten dort unberührt schon seit vielen Jahren. Manche Jahrgänge erinnerten an geschichtliche und persönliche Ereignisse. Der Aufforderung meines Vaters, "kommst Du mit in's Museum", folgte ich sehr gern, denn im Gegensatz zu anderen Museen, waren

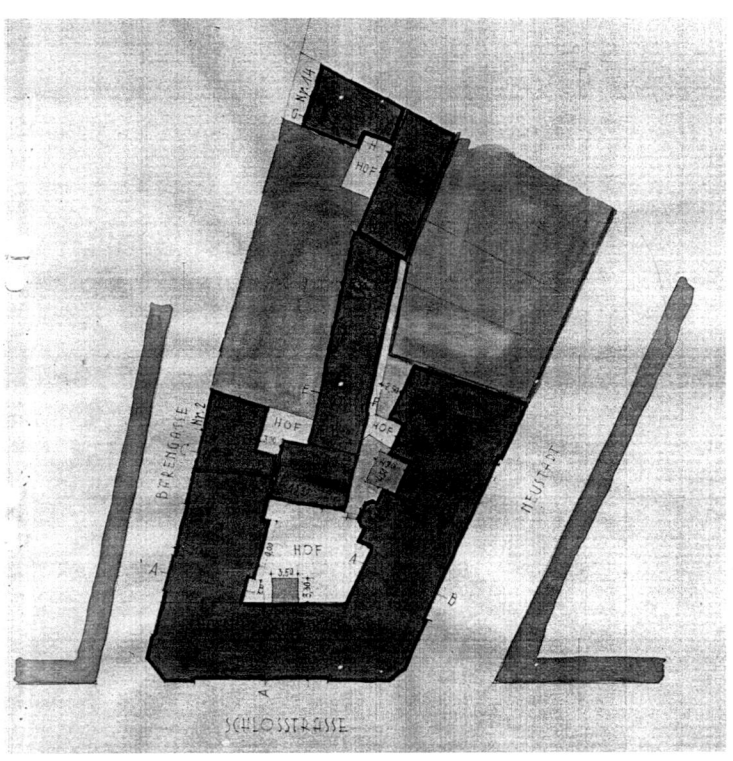

hier die Kostbarkeiten zum Verbrauch bestimmt. Wir fanden immer einen Kompromiß, wer die Auswahl des Weines treffen durfte. Fiel die Entscheidung auf mich, strebte ich zielsicher zu den Burgunderweinen. Mir ist davon noch der Name "Nuit" und sein samtener Rotweingeschmack in Erinnerung. Mein Vater wählte gern einen "Riesling" von der Mosel. Im Kreise der Familie wurde der köstliche Tropfen andächtig genossen.

Alle leeren Flaschen kamen später in die Spülanlage, die in dem ursprünglichen Pferdestall eingerichtet war. Hier störte auch niemanden der Lärm der darüber gelegenen Kegelbahn, die später in Zimmer für unverheiratete Angestellte umgebaut wurde.

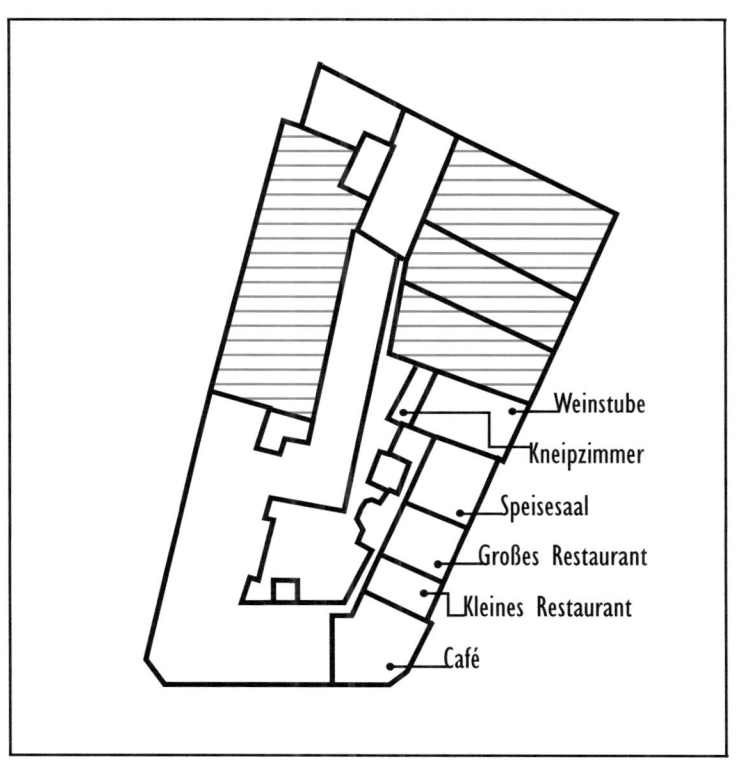

Weinstube
Kneipzimmer
Speisesaal
Großes Restaurant
Kleines Restaurant
Café

Es gibt heute keine Original-baupläne mehr, dieser Grundriß wurde im April 1936 von dem Architekten Albert Glaser für eine Taxierung des Gebäudes gezeichnet. Der Plan oben zeigt aus meiner Erinnerung in etwa die Anordnung der Gasträume im Erdgeschoß. Die schraffierten Flächen gehören nicht zum Hotelkomplex.

GÄSTE UND STAMMTISCHE

Übernachtungen... viele Menschen.....

Gera war in meiner Jugend bedeutenste Industriestadt Ostthüringens. Viele auswärtige Firmen schickten ihre Vertreter, die regelmäßig Geschäftspartner in Gera besuchten. Diese sog. "Reisenden" übernachteten häufig im Hotel "Schwarzer Bär". Außerdem fand zweimal im Jahr, Frühjahr und Herbst, die größte Wollauktion Deutschlands in Gera statt, dann war das Hotel ausverkauft. Zusätzlich besuchten mehr Tagesgäste unsere Restauration. Ich erinnere mich auch an die "Musterreisenden", mit großen Koffern, die ihre Artikel im Ausstellungsraum in der ersten Etage auf langen weißgedeckten Tischen für die Geraer Kunden präsentierten. Z.B. die Herren der Schokoladenfabriken "Sarotti"/ Berlin, "Mauxion"/ Saalfeld, und "Feodora"/ Bremen. Oder die der Firma "4711" aus Köln. Die meisten der Herren blieben dem Haus jahrelang treu. Gelegentlich übernachteten auch Besucher der Leipziger Messe im "Bären".

Vorwiegend reiste man mit dem Zug an. Ein Hausdiener mit Gepäckkarre wurde zum Bahnhof geschickt. Fein herausgeputzt in Uniform und einer Mütze, auf der gut lesbar der Name des Hotels stand. Diesen Posten bekam immer jemand mit gepflegtem Aussehen, der vertrauenswürdig und seriös auftrat, denn danach wählten die ankommenden Reisenden, die noch keine Vorbestellung hatten, ihr Hotel. Auch die Konkurrenz schickte ihre Hausdiener, die sich alle in der Bahnhofshalle aufreihten, um Gäste und Gepäck in Empfang zu nehmen.

Der Fußweg zum Hotel dauerte ca 15 Minuten. Wollte man sich diese Mühe ersparen, fuhr man mit der Straßenbahn oder mit einer Pferdedroschke. Später standen Taxen am Bahnhofsausgang. Der ”Bären” hatte eine sehr günstige Lage mitten in der Stadt in der Schloßstraße, in unmittelbarer Nähe der Post und der Gerichtsgebäude. Zum Rathaus und Markt waren es nur wenige Schritte.

Anmeldungen berühmter Gäste versetzten das gesamte Hotelpersonal in Aufregung. Gera hatte ein weit über die Stadt- und Landesgrenzen hinaus gelobtes und bekanntes Theater. Große SchauspielerInnen, SängerInnen und Musiker übernachteten anläßlich ihrer Gastspiele im ”Bären”. Wie überhaupt Künstler sich gerne dort trafen. Ich erinnere mich an *Will Quadflieg*, der seine Karriere am ”Reußischen Theater” begann. Er war der vielumschwärmte jugendliche Held, spielte seine Rollen hinreißend. *Georg Thomalla* begeisterte als junger Komiker. *Heinrich George* fesselte das Publikum in seinen berühmten Rollen. Der ”Bären” war für ihn ein adäquates Quartier. Er ist mir als eine imponierende, große Gestalt, in einem Kamelhaarmantel, das Hotelvestibül beherrschend, in Erinnerung geblieben - Respekt einflößend. Die lieblichen, weiblichen Stummfilmstars *Käthe Dorsch* und *Henny Porten* bewunderten wir jungen Mädchen, träumten von einer ähnlichen Karriere. Henny Porten hatte auffallend schöne blaue Augen. Meine Schwester verehrte sie glühend und quälte meine Mutter so lange, bis diese ein Veilchensträußchen besorgte, das Gerty am Frühstückstisch überreichen sollte. Sie tat dies mit einem tiefen Knicks und mit den Worten ”Rosen sind zu teuer”. Diese Episode

ist mir nur vom Erzählen bekannt und ich kann nicht berichten, wie die Angebetete reagierte. Der Ausspruch ist bis heute geflügeltes Wort in der Familie geblieben, die ihn in Erinnerung an die längst vergangene Zeit mit Schmunzeln zitiert.

Mein Schwarm als ganz junges Mädchen war *Ernst Udet*, der Kunstflieger, der anläßlich eines Flugtages in Gera seine Künste vorführte und selbstverständlich im "Bären" abgestiegen war. Ich hatte das unglaubliche Glück, ihn an meinem 15. Geburtstag um ein Autogramm in das private Gästebuch des Hotels zu bitten, in das sich bereits die Fliegerinnen *Elly Beinhorn* und *Hanna Reitsch* verewigt hatten. Der Wunsch wurde mir erfüllt, diesen Geburtstag habe ich bis heute nicht vergessen. 1929 ahnte man noch nicht, welche

Die Fotos von Seite 46 - 49 zeigen das stilvolle Ambiente des Weinzimmers, passender Rahmen für genußvolles Speisen und Trinken in gemütlicher Runde, z.B. an den Stammtischen. Seite 46-47 das Weinzimmer vom Speisesaal aus gesehen, Foto links eine Ansicht mit Fenstern zur Straße "Neustadt". Die obere Abbildung zeigt eine Variante in der Möblierung.

bedeutende Rollen die PilotInnen im politischen Leben übernehmen würden, was das Schicksal für sie bereit hielt. Wie schnell sind sie vergessen. Ich bedauere sehr, daß das Gästebuch im Zuge der Enteignung verloren gegangen ist.

Wie das Leben so spielt, die Fliegerei hatte es mir angetan. 1940 heiratete ich einen Flugzeugingenieur. Überrascht stellten wir fest, daß er die drei erwähnten Fliegerasse während seiner Arbeit bei "Heinkel Flugzeugwerke Oranienburg" bei Berlin, schon persönlich kennen gelernt hatte.

Unsere Zimmermädchen plauderten gelegentlich Erheiterndes aus dem Nähkästchen. Einmal reiste ein Klaviervirtuose an, der seinen Frack, den er zum Auftritt im Konzertsaal anziehen wollte, im Rucksack verstaut hatte. Es bedurfte einiger Mühe, ihn wieder auf Glanz zu bügeln. Leider hatten wir auch Gäste, die man ebenfalls nicht vergessen konnte. Ein Pärchen drehte bei seiner Abreise am Doppelwaschtisch alle vier Hähne auf und stöpselte den Ablauf zu. Wir bemerkten das Unglück erst, als das Wasser von der dritten bis zur ersten Etage gelaufen war. Der Schaden war erheblich.

Ein fester Bestandteil im Restaurant- und Weinstubenbetrieb waren die verschiedenen Stammtische. Am späten Vormittag erschienen Rechtsanwälte und die Herren Studienräte der verschiedenen Gymnasien und Oberschulen. Ausgerechnet mein Englischlehrer, Studienrat Meyer von der Zabelschule, der meinem Vater genau erzählte, was am Vormittag im Unterricht passiert oder was sonst so über mich zu berichten war. Es hatte den Vorteil, daß eine Beichte für mich überflüssig wurde. Ich war keine besonders auffällige Schülerin und der väterliche Zorn wurde nie so weit angestachelt, daß nicht doch eine Runde Freibier für die Herren ausgegeben wurde.

Samstags trafen sich die Landwirte am Stammtisch in der Weinstube. In meiner frühen Kindheit kamen sie mit Pferdewagen zum Einkaufen in die Stadt. Die Wagen konnten im großen Hof des Bären abgestellt und die Pferde in einem Stall untergebracht werden. Ich erinnere mich noch gut daran. Wenn ich Glück hatte und der Hausdiener gute Laune, setzte er mich auf ein Pferd und ich durfte mit in den Stall reiten.

Der Stammtisch "Elisabeth" tagte ebenfalls am Samstag Abend und oft nahmen auch die Ehefrauen daran teil. Ein häufiger, gern gesehener Gast war der damalige Stadtarchivar Ernst Kretschmer, der immer viel zu erzählen wußte (siehe Chronik des "Bären", Seite 106).

Der Foxtrott "Elisabeth", ein echter Ohrwurm, gab dem Stammtisch seinen Namen. Die flotte Melodie forderte zum Mitsingen auf.

"Wenn die Elisabeth nicht so schöne Beine hätt',

hätt' sie viel mehr Freud an dem neuen langen Kleid.

Doch da sie Beine hat, tadellos und kerzengrad,

tut es ihr so leid um das alte kurze Kleid.

Das kann man doch verstehen, beim Gehen,

beim Drehen, kann man nun nichts mehr sehen,

und niemand weiß Bescheid."

Dieser Schlager wurde von den Herren besonders bevorzugt. Mein Vater kaufte eine kleine Figur, die Nachbildung einer ägyptischen Tänzerin, bunt bemalt mit sehr hübschen geraden Beinen unter ihrem äußerst knappen Gewand. Das kleine Kunstwerk, höchstens 30-40 cm hoch, wurde auf einem

Sockel befestigt, mit einer Plakette "Stammtisch Elisabeth" versehen, die bei den Gästen viel Begeisterung hervor rief.

Eine stadtbekannte Persönlichkeit erschien, da unverheiratet, täglich zum Mittagessen, der Geologe Rudolf Hundt. Die Bestellung für ihn in der Küche war regelmäßig: "Ein Stamm für Rudel Hundt mit viel Kartoffeln". "Stamm" war ein preiswertes Tellergericht für 1.--RM, ohne großen Aufwand und wurde nur an Stammgäste ausgegeben. Zu diesem Kreis gehörte auch ein Redakteur der "Geraer Zeitung". Ebenfalls ledig, mit bescheidenem Einkommen. Seinen Namen habe ich leider vergessen. Man traf ihn bei Premieren im Theater und seine Kritiken waren am nächsten Tag in der Zeitung zu lesen.

Eine Stammtischrunde werde ich in meinem Leben nicht vergessen. Ich muß damals mindestens 20 Jahre alt gewesen sein, sonst hätte ich gar nicht daran teilnehmen dürfen. Zur allgemeinen Erheiterung wurden gelegentlich kleine Spiele veranstaltet mit Würfeln oder Streichhölzern. Bei den Hölzchen mußte man erraten, welches das kurze bzw. lange Stückchen in der Hand des Partners war. Der Verlierer mußte einen "Nikolaschka" bezahlen. Cognac, gefüllt in ein Glas, dessen Rand in Zitronensaft und groben Zucker getaucht war. Obenauf schwamm eine Scheibe Zitrone mit Zucker. Man nahm die Zitronenscheibe in den Mund und kippte den Cognac hinterher - schmeckte köstlich. Auffallend war, daß immer ich gewann. Zum Glück erschien mein Vater, der sofort merkte, was los war und mich umgehend ins Bett schickte. Ich habe lange keinen "Nikolaschka" mehr getrunken. Ein ähnlich süffiger Verführer war der "Cu-Co" (Curacao mit Cognac), aber der Kater war schlimm.

Das gemütliche, holzgetäfelte
Kneipzimmer mit schwarzen
Ledersofas, Geweihen und Kupfer-
stichen. Für kleine, intime
Festlichkeiten besonders geeignet.

DIE ANGESTELLTEN

Hotel und Küche .....

Der gute Ruf des Hauses hing im Wesentlichen von der Mitarbeit der Angestellten ab. Als kleine Mädchen hielten wir uns wenig im Hotel auf, begleiteten wir die Eltern dorthin, hatten wir die Angestellten höflich und respektvoll zu begrüßen und mit Herrn, Frau oder Fräulein anzusprechen. Vor dem Küchenchef, dem Oberkellner, und dem "Herrn Portier" hatten wir mehr Respekt als vor dem Liftboy, den Küchenjungs oder Spülmädchen, die selbst noch halbe Kinder waren. Bis zu meiner Heirat wechselte das Personal wenig, so sind mir die Verantwortlichen noch sehr gut in Erinnerung, die ich Ihnen gerne vorstelle.

Betreten Sie das Vestibül, verbeugt sich höflich, vielleicht mit einem Handschlag, für einen persönlich bekannten Gast, der Geschäftsführer, Herr Bräunlich (von den Angestellten "Süßbier" genannt, er "raspelte gern Süßholz", so sagte man). Herr Portier Bode, in schwarzer Livrée mit Goldtressen, nimmt Ihnen eventuell lästige Pakete ab und verwahrt sie sorgfältig. Sind Sie ein Gast, der übernachten möchte, sorgt er dafür, daß der Liftboy Sie auf das Zimmer begleitet und selbstverständlich Ihr Gepäck trägt. Wünschen Sie ein Bier, ein Glas Wein zu trinken, oder zu speisen wird sich einer der Kellner, (Herr Eichhorn, Herr Geißler, Herr Schaller) vorbildlich um Sie bemühen, unter der Aufsicht des Oberkellners Herrn Osang, der später selbst ein Lokal eröffnete. Das Buffettfräulein zapft Ihnen ein frisches, kühles Pschorr Bräu aus München. Ein Lokal, mit gutem Ruf, hatte Münchner Bier im Anstich.

Wenden wir uns dem Hotelzimmerbereich zu. Dieser umfangreiche Teil des Betriebes oblag der Oberaufsicht meiner Tante Elli, der Schwester meines Vaters. Ihre Position würde man heute als "Hausdame" bezeichnen. Sie hatte die nicht ganz leichte Aufgabe den tadellosen Zustand von Zimmern und Fluren und der gesamten Hotel-, Restaurant- und Küchenwäsche zu gewährleisten. Eine Tätigkeit im Hintergrund, von der aber auch der gute Ruf des Hauses abhängig war. Sie mußte viel Organisationstalent einbringen, da der größte Teil der Arbeiten aufwendig war - z.B. das Teppichklopfen, das Gardinenwaschen vom gesamten Haus ohne technische Hilfsmittel. Die Teppiche mußten vom Hausdiener auf den Hof zur Teppichstange getragen, geklopft, gebürstet und wieder zurück gebracht werden. Und das alles zum Teil bis zur dritten Etage. Ich begleitete Tante Elli sehr gerne in die verschlossene Wäschekammer, dort lagen ihre Schätze gewaschen, gestärkt, gemangelt in hohen Regalen fein säuberlich sortiert. Der Duft nach Sauberkeit und Frische erfüllte den Raum. Einem Kontrollgang durch Fremdenzimmer und Hotelkorridore schloß ich mich gelegentlich an.

Frau Moser, die Waschfrau, werden Sie nicht treffen. Sie herrschte allein und unangefochten in ihrem Bereich, der Waschküche, die in der dritten Etage, nah am Trockenboden, eingerichtet war. Wir besuchten die gutmütige und kinderliebe Frau in ihrem Reich sehr gern. Man durfte bei ihr so richtig matschen. Zur Instandhaltung der Wäsche war eine "Weißnäherin" angestellt.

Sollten Sie übernachten, treffen Sie eventuell das "Erste Zimmermädchen", im schwarzen Kleid, mit weißer Schürze und Spitzenhäubchen. Mir nur noch unter dem Namen "Friedrich der Große" in Erinnerung. Sie hatte ein scharfes Profil, mit großer Nase, ähnlich der des Preußenkönigs. Sie führte ein strenges Regiment über die anderen Zimmermädchen. In ihrer Freizeit war sie ehrenamtlich beim Roten Kreuz tätig. Ihre Hingabe ging so weit, daß sie die Hoteletagen als "Station" bezeichnete. Eine bemerkenswerte Person.

Ich wünsche Ihnen jetzt eine gute Nacht im bequemen, neubezogenen Bett. Sollten Sie noch einen Wunsch haben, bitte klingeln Sie, ein dienstbarer Geist wird schnell zur Stelle sein. Auf TV, Radio oder Minibar müssen Sie noch 40 Jahre warten. Dafür werden Sie aber Ihre Schuhe morgens vom Hausdiener auf Hochglanz poliert vor Ihrer Zimmertür finden. Vergessen Sie bitte nicht, diese abends rauszustellen.

Das Frühstück wird Ihnen auf Wunsch im Zimmer serviert. Oder Sie nehmen es im Kleinen / Großen Restaurant ein. Suchen Sie bitte nicht nach dem Frühstücksbuffett, auch das wird noch einige Jahre auf sich warten lassen. Serviert wird: Ein Kännchen Kaffee, Tee oder Schokolade (zwei Tassen), zwei Brötchen, Brot, zwei Kugeln Butter und Marmelade, im Zimmerpreis

Daunendecke und dekoratives Plumeaux, nicht zu vergessen das Kopf- und Keilkissen, versprechen eine angenehme Nachtruhe. Bei Bedarf findet der Gast das Nachtgeschirr im Schränkchen neben dem Bett.

inbegriffen, von 3,--RM für das Chauffeurzimmer, bis 13,--RM für das Appartement. Ihre weiteren Frühstückswünsche, weich oder hart gekochte Eier, Spiegel- oder Rühreier, Schinken, Wurst und Käse . . . bestellen Sie bitte extra. Sie möchten abreisen, der Oberkellner bringt Ihnen die Rechnung auf dem silbernen Tablett. Wir danken für Ihren Besuch, wünschen Ihnen eine gute Reise und hoffen, Sie wieder bei uns begrüßen zu dürfen.

Begleiten Sie mich jetzt in die Küche, dem pulsierende Zentrum des Hauses. Gäste haben sonst hier keinen Zutritt. Der Ablauf der sehr anstrengenden Arbeit des Küchenpersonals darf nicht gestört und die Bestellungen müssen zügig herausgegeben werden. Hier regiert Herr Milius Müller, der Küchenchef. Er hat bei meinem Großvater Georg Fischer gelernt. Nach den üblichen Wanderjahren, die ihn auch nach Frankreich führten, ist er als Chef wieder in den „Bären" zurückgekommen und erfreut die Gäste mit seiner Kochkunst. Ihm untersteht eine beachtliche Anzahl an Küchenpersonal, u.a. die "Warme Mamsell", Fräulein Hanne, seine spätere Ehefrau. "Ginder", Günter Kasten, heiratete Fräulein Hartmann, die "Kalte Mamsell". Zu Ausbruch des zweiten Weltkrieges war er im wehrfähigen Alter und wurde bald eingezogen. Leider ist er sehr früh gefallen. Meine Mutter übernahm die schwierige Aufgabe die Nachricht seiner Witwe zu überbringen. Frau Kasten blieb auf ihrem Posten und war meiner Mutter viele Jahre eine verläßliche Hilfe. Nicht zu vergessen, die zwei bis drei männlichen und drei weiblichen Kochlehrlinge sowie drei Küchenhelferinnen.

Die Jungs begannen die Lehre als schmächtige, unbeholfene Kinder, gerade von der Schule entlassen. Innerhalb der drei Jahre wuchsen sie zu kräftigen, selbstbewußten Burschen heran. Sie erreichten ihr Berufsziel, Koch, immer mit guten Noten. Auch die Mädchen hielten die einjährige Lehrzeit durch, gewöhnten sich an die Hitze am Kohleherd, das Hantieren mit großen, schweren Töpfen und freuten sich über ihren neuen Titel "Köchin". Ein Beruf, der ihnen einen Arbeitsplatz versprach.

Die dritte Mamsell, Frau Arpke, kümmert sich um die weiblichen Lehrlinge, kocht das Personalessen und ist für die Bäckereien und Salate zuständig, auch für die Bestellannahme und Überwachung der Essensausgabe. Ein Prozeß, der immer akribisch mit voller Konzentration durchgeführt werden muß, damit Bestellung, Preis und Ausgabe der Speisen übereinstimmen.

Mir ist der Küchenbetrieb bestens vertraut. Herr Müller hat mir ein Jahr lang das Kochen von der Pieke auf beigebracht. Ich habe sehr gerne bei ihm gelernt. Das Küchenpersonal, vor allem die Lehrlinge, freuten sich, daß der sonst oft recht rauhe Ton des Lehrherren, in dieser Zeit sehr gemäßigt war. Es passierte gar nicht so selten, daß einer der Lehrjungen eine Ohrfeige einfing, und die Kochmütze durch die Gegend flog. Das mußten alle Lehrjungen in jedem Betrieb hinnehmen, worüber sich niemand aufgeregt hat.

Wer in der Kaffeeküche Dienst hat, muß früh aufstehen. Die Kaffeemaschine in Gang setzen, Brotkörbchen, Milchkännchen vorbereiten, die Bestellungen für das Frühstück herausgeben. Die anderen MitarbeiterInnen beginnen ihre Arbeit in der "Kalten- bzw Warmen Küche", die räumlich voneinander getrennt sind. Überall herrscht rege Betriebsamkeit. In der Warmen Küche werden die Gerichte für das Mittagessen vorbereitet. Herr Müller ist jetzt nicht anzusprechen, er brät, tranchiert, delegiert die Bestellungen, schmeckt ab, möglichst alles gleichzeitig. Dabei muß er noch mit den Lieferanten verhandeln und immer ein Auge auf seine Mitarbeiter haben. Bei

Das einzige Foto (1935/36) von unserem Küchenpersonal aus der Zeit meiner eigenen Kochlehre. Die Mamsells Fräulein Erna, Fräulein Grete, die weiblichen Kochlehrlinge und Spülmädchen auf der linken Seite und rechts am Kohleherd ein Lehrling zu Beginn seiner Ausbildung, Herr Günther, Herr Müller der Küchenchef und ein älterer Lehrling. Zum Warmhalten stehen die silbernen Platten und Schüsseln auf der Vorrichtung über dem Herd.

allem Trubel wird jede Bestellung immer schnell, schmackhaft, schön angerichtet und wohltemperiert serviert.

Gehen wir lieber hinüber in die Kalte Küche, hier ist es nicht so hektisch. Der Hauptbetrieb beginnt erst am Abend. Schon als Schulkind habe ich am Sonntag gerne geholfen, die Dekorationen für die abendlichen Bestellungen vorzubereiten. Radieschen in Röschen und Cornichons in Fächer schneiden, Sardellen aufrollen, mit dem Dressiermesser Rote Beete und Sellerie in mundgerechte Scheiben teilen. Kapern bereit stellen, Petersilie zurecht zupfen, z.B. für die beliebten "Appetitsbrote". Eine mit Butter bestrichene Graubrotscheibe, belegt mit kaltem Braten, garniert mit Fleischsalat, variiert mit Wurst, Käse, Schinken, Gurke, Rote Beete, Appetitssild und anderen Köstlichkeiten. Alles kunstvoll gerollt oder geschnitten, ein verführerischer Anblick. An den Wochenenden oder sonstigen Feiertagen wurden bereits am Nachmittag mehrere Brote vorbereitet, damit die Gäste nicht zu lange warten mußten. Ich lernte schon früh, neben wertvollen Küchentricks und Rezepten, schnell und flexibel zu arbeiten und den obersten Grundsatz der Dienstleistungen zu beherzigen: "Der Wunsch des Gastes geht Allem vor".

Auch sehr beliebt war das "Bärenbrot", eine Spezialität des Hauses, einfach, sehr schmackhaft und preiswert zuzubereiten. Hier das Rezept, wer es einmal ausprobieren möchte.

Eine leicht geröstete Graubrotscheibe wird mit gewürztem Gehackten reichlich belegt und fest angedrückt. Mit der Fleischseite nach unten in einer Pfanne mit Butter schön knusprig gebraten. Garniert mit Kapern, Cornichons oder Salzgurken und Petersiliensträußchen. Die Variante mit einem zusätzlichen Spiegelei ist für den großen Hunger.

Hier noch eine Spezialität aus der "Warmen Küche": das "Bärenschnitzel". Ein gebratenes, unpaniertes Schweineschnitzel wird mit Rührei und Steinpilzen belegt. Als Beilage krosse Bratkartoffeln. Sieht sehr hübsch und appetitanregend aus und schmeckt vorzüglich. Gerne bereitet Ihnen der Küchenchef als Herbstspezialität "Rebhuhn auf Canapé mit Weinkraut und blauen glasierten Trauben an Wildleber", oder "Wildschweinschinken in Burgunder mit Sauerkirschen und Spaghetti". Bei Menues anläßlich großer Festlichkeiten, entfaltete Herr Müller seine unerschöpfliche Fantasie, ihm bei der Verwirklichung zu assistieren gehörte zum Höhepunkt der Lehrzeit.

Fröhliche Runde im Garten bei der Beerenernte, das Küchenpersonal hilft fleißig mit. Ebenso mein Hund "Schlumpsi" und ich im Bild rechts.

Hotel Schwarzer Bär

Georg Fischer · Herzoglicher Hoftraiteur

Gera

Wein-Großhandlung ·:· Stadtküche

Viel Vergnügen beim Lesen der umfangreichen Speisenkarte. Leider existiert die Weinkarte nicht mehr.

Speisen-Karte

Kalte Vorspeisen

	Preis RM.
Holländer **Park=Auſtern,** Dutzend Stück .	
Aſtrachaner Maloſſol=Kaviar auf Eis mit	
Butter und Röſtbrot, Portion	
¼ Pfund mit Butter und Röſtbrot . .	
½ Pfund mit Butter und Röſtbrot . .	
¼ Pfund mit Butter und Röſtbrot . .	
Schlemmerſchnitte (Tartar und Kaviar) . .	
Ruſſiſche Eier (mit Kaviar und Mayonnaiſe)	
Kaviarbrötchen	
Straßburger Gänſeleberpaſtete	
mit Röſtbrot und Butter	2.75
Schwediſche Schüſſeln	
je nach Größe von RM. 3.—an	
Mayonnaiſe von Fiſch	0.90
von Krabben	1.25
von Lachs mit Butter und Röſtbrot .	2.00
von Königs=Krebs m. Butter u. Röſtbrot	2 25
von Hummer mit Butter und Röſtbrot	4.00
Sardinen in Oel per Stück	0.25
Ruſſiſcher Salat	0.80
Geräucherter Lachs mit Butter und Brötchen	2.00
Bismarckhering	0.30
Brathering in Champignons=Sauce . .	0.25
. . . . mit Butter und Toaſt	1.20
A... in Gelee mit Remoulade und Brötchen	1.75

Warme Vorspeiſen

Spezialität	
Bärenſchnitte (gehacktes Fleiſch auf	
Röſtbrot gebraten)	0.90
Bärenſchnitte mit Spiegelei	1.30

Ragout=fin in Muſcheln	0.90
Königin=Paſtetchen	0.75
Schnepfen=Paſtetchen	0.75
Geflügeleberbrötchen	0.90
1 Paar echte Frankfurter mit Kartoffelſalat	
oder Sauerkraut oder Meerrettich)	1.25
2 Röſtbrötchen mit Rindermark . . .	1.00
Japaner (geröſtetes Schwarzbrot	
mit Schinken und Spiegelei) . .	1.25
Chineſe (geröſtetes Weißbrot	
mit Schinken und Spiegelei) . .	1.25
frischer Helgol. **Hummer** je nach Größe	
warm mit Trüffelbutter	
kalt mit Remoulade	

Suppen

	Preis RM.
Fleiſchbrühe	0.30
mit Ei	0.50
mit Rindermark	0.50
Tagesſuppe	0.40
Doppelte Kraftbrühe mit Einlage . .	0.60
Ochſenſchwanz=, Mocturtle=, Krebs=Suppe .	0.60
Echte Schildkrötenſuppe	1.00
Känguruhſchwanzſuppe	1.00

Fiſche

	Preis RM.
Kabeljau mit Senfbutter und Kartoffeln .	1.25
Schellfiſch mit Senfbutter und Kartoffeln .	2.00
Haff=Zander mit Remoulade oder Kart.=Salat	2.00
Rotzunge mit Remoulade oder Kart.=Salat .	
Seezunge, gebacken	mit Remoulade	
Seezunge, gebraten	od. Kartoffel=Salat	
Steinbutt	
Friſcher Lachs	
Bachforelle	mit zerlaſſener Butter
Karpfen, blau	und Kartoffeln
Schleie, blau	
Seezungenfilets auf Pariſer Art	
Steinbutt auf Touluſer Art	
Aal, blau	

Fleiſchgerichte

	Preis RM.
Deutſches Beefſteak	1.40
Deutſches Beefſteak mit Ei u. Bratkartoffeln .	1.75
Beefſteak vom Filet:	
mit Kräuterbutter od. nach Weſtmoreland	2.50
od. mit Bearnaiſeſauce od. mit Champig-	2.75
nons oder nach Nelſon oder nach Meyer	
oder mit Hinderniſſen oder nach Roſſini	3.00
oder nach Godard	3.50
Rumpfſtück oder Wiener Roſtbraten . . .	2.00
Schnitzel, Wiener	1.80
Kalbſteak, oder Paprika, oder fines herbes,	
oder Sahnen, oder Karlsbader	2.00
Holſteiner	2.75

	Preis RM.
Spezialität	
Bärenschnitzel, naturell mit Ei, Steinpilzen und Bratkartoffeln	2.50
Kotelette vom Hammel:	
2 Hammelkoteletten, naturell	2.50
2 Hammelkoteletten mit Kräuterbutter	3.00
Kotelette vom Kalb, paniert	2.00
mit Spargel oder Schoten oder Kompott ~~und Salat~~ oder Salat . . .	2.75
oder unpaniert	2.20
oder mit feinem Ragout	2.75
Kotelette vom Schwein	2.00
ungarisch oder fines herbes . . .	2.00
Tournedos: m. Gänseleberpast. nach Rossini	3.50
oder mit Schinken nach Rotschild . .	3.50
Entre-côte od. Châteaubriand für 2 Pers.	
mit Sauce Bearnaise und Pommes frites	6.00
und mit jungen Gemüsen garniert . .	7.50
Bären-Platte für 2 Personen, Rinds- und Kalbfilet mit verschiedenen Gemüsen . .	5.00
in der Originalschüssel	
Bären-Topf (Kalbs-, Schweins- und Rindsfilet), garniert mit Mixed-Pickles) . .	2.50
Berliner Topf (Filet. Rührei mit Schinken. garniert mit Mixed-Pickles)	2.50
vom Grill	
Mixed-grill: Hammelkotel., Rinds-, Kalbs- und Schweinsfilet, Schinken und Speck .	3.50

Geflügel und Wildbret

½ junger Hahn	
Gänsebraten	. . . . . .
Entenbraten	mit Kompott
Tauben	oder Salat
Steirischer Kapaun	. . . . . .
Franz. Poularde	. . . . . .

Poulet in der Tüte zirka 50 Minuten	5.00

Junger Fasan mit Sauerkraut . . . . .

Gemüse

	Preis RM.
Sauerkraut	0.30
Rotkraut	0.40
Gemischtes Gemüse	0.80
Feinste junge Schoten	0.80
Blumenkohl mit brauner Butter . .	0.80
Prinzeßbohnen	1.00
Stangenspargel mit Butter	2.00
Champignons RM. Steinpilze RM.	
Pfifferlinge RM.	
Bratkartoffeln	0.30
Kartoffelmus	0.50
Pommes frites	0.50
Strohkartoffeln	0.50

Saucen

	Preis RM.
Holländische, Remoulade, Robert, Rabigot, Cumberland	0.50
Bearnaise, Mousseline	0.75
Kaviartunke	

Salate

	Preis RM.
Kartoffel-Salat	0.30
Mixed-Pickles	0.40
Rote Rüben	0.40
Saure Gurke	0 25
Bohnen-Salat	0.50
Sellerie-Salat	0.40
Spargel-Salat	1.00
Tomaten- , Kopf- , Gurken- , Gemischter Salat	

Kompott

	Preis RM.
Birnen	0.40
Apfelmus, Kirschen, Pflaumen, Mirabellen, gemischtes Kompott	0.50
Erdbeeren	0.60
Kalifornische Pfirsiche	1.00
Kalifornische gemischte Früchte . . .	1.50
1 Scheibe Ananas	0.60
mit Schlagsahne	1.00
Preißelbeeren	0.40

Mehl- und Süßspeisen	Preis RM.
Gefrorenes	
Omelette soufflé (für 2 Personen)	2.50
Omelette surprise (für 2 Personen)	3.50
Omelette Stephanie	2.50
Apfelbeignets	1.20
Fürst Pückler und **Bomben**	
in verschiedenen Ausführungen .	1.00
Vanille-Eis	0.60
Gemischtes Eis	0.60
Pfirsich Melba	1.25
Creps Suzette	2.00
Creps Oriental	2.00
Creps Confitur	1.50
=== Weitere Auswahl siehe Sonderkarte ===	

Eierspeisen

	Preis RM.
Gekochte Eier, Stück	
3 Spiegeleier mit Bratkartoffeln . .	1.10
Verlorene Eier mit Sauce Bearnaise . .	1.50
Rührei mit Bratkartoffeln	1.10
Rührei mit Bücklina	1.50
Rührei oder Spiegelei mit Schinken oder Wurst	1.50
Eierkuchen mit Kompott	1.50
Omelette, naturell	1.20
fines herbes oder confiture od. Parmesan	1.50
mit Schinken oder mit feinem Ragoût	1.50
Kaiserschmarren	1.50

Käse mit Butter und Brot

Thüringer	0.40
Camembert	0.70
Holländer	0.80
Schweizer	0.90
Roquefort	1.20
Chester	
Gervais	0.80
mit Garnierung	1.00
Welsh rarebits	1.50
Radieschen	
Pumpernickel	0.05
Freiburger Bretzeln	0.20
Butter extra	0.20
Käsestangen	0.20

Kalte Speisen

	Preis RM.
Schinken, gekocht oder roh mit Butter und Brot	2.20
Kalter Braten mit Butter und Brot . . .	1.80
Aufschnitt mit Butter und Brot	1.80
Delikateß-Aufschnitt mit Butter und Brot	2.50
Zunge mit Butter und Brot	2.20
Gemischte Wurstplatte mit Salat . .	1.80
Roastbeef mit Remoulade, Butter und Brot	2.00
Beefsteak tartare mit Ei, Butter und Brot	2.00
Russischer Salat	0.80
Hamburger Brot	1.00
Hamburger Brot mit Kaviar garniert . .	
Sülze mit Remoulade und Bratkartoffeln	0.90
Sülz-Kotelette mit Bratkartoffeln . .	1.50
Kassler Rippespeer mit Salat . . .	
½ **kaltes Brathuhn** mit Butter und Brot .	
Kalter Gänsebraten mit Butter und Brot .	
Delikateß-Eisbein mit Bratkartoffeln .	1.50
Strammer Max	1.20
Appetitsbrot	1.00
Belegtes Brot mit:	
Braten	0.70
Käse (Schweizer oder Holländer) . .	0.60
Thüringer	0.50
Schinken	0.90
Sardellen	0.90
Lachs	0.90
Zunge oder Roastbeef	0.90

Westfälische Schinkenplatte	
mit 1 Glas Steinhäger	2.45

Für Tagesgerichte siehe Sonderkarte
10% Aufschlag für Bedienung

Im Winter wurde das "Schlachtfest im Bären" in den Zeitungen angekündigt. In einem Nebengebäude der Bärengasse 2, war ein wenig benutzter Wirtschaftsraum bestens dafür geeignet. In einem großen Kessel kochten Wellfleisch und -würstchen und die Wurstsuppe, bei den Gästen ebenso begehrt wie die frischen Bratwürste mit dem guten Thüringer Sauerkraut. Die Stimmung war gehoben, das deftige Essen wurde mit viel Alkohol bekömmlicher, z.B. mit "Arkavit" Aquavit, wie ein Buffettfräulein zu sagen pflegte.

Anläßlich der großen Thüringer Kochkunstausstellung, an der sich auch die Köche aus dem "Bären" beteiligten, wurde unvermutete Kritik an ihrer Arbeit laut. Zwei Besucher betrachteten skeptisch die schön garnierten Gerichte, und kommentierten abfällig: "gomm weider, das is doch alles Seefe." Vernichtendes Urteil für die "Haute Cuisine", die zwei hätten probieren sollen, natürlich war alles echt.

Auf einen Service unseres Hauses bin ich noch heute stolz. Es liegt schon lange zurück, aber ich erinnere mich genau an die Leistungen, die durchaus nicht üblich waren. Wir lieferten bei größeren häuslichen Festlichkeiten der Geraer Gesellschaft Menues oder Kalte Buffets mit allem was dazu gehört. Von der Tischwäsche, Tafelsilber, Dekoration, dem Essen, den Getränken. Die Vorbereitungen wurden, soweit wie möglich, bei uns im Hotel getroffen. Alles wurde in große Körbe verpackt und zu den Kunden transportiert. Eine Mamsell oder der Koch und ein Kellner nahmen die Lieferung dort in Empfang und waren bis zum Ende des Festes für dessen Gelingen verantwortlich. Es gab in Gera sehr wohlhabende Bürger, die zu großen Festlichkeiten in ihre schönen Villen einluden. Die altbewährte Kochfrau konnte diesen Ansprüchen nicht mehr gerecht werden. Mein Vater erkannte als Erster in

Gera diese Marktlücke und wußte sie zu nutzen. Noch bis zur Sprengung des Hauses gab der in Stein gehauene Schriftzug "Stadtküche" neben der Eingangstür zum Hotel Zeugnis davon.

Jede Abteilung eines Betriebes braucht eine leitende Persönlichkeit, an die man sich auch mit seinen Fragen und Wünschen wenden kann. Das war im Küchenbereich meine Mutter. Sie schaltete und waltete im sog. Küchenzimmer, ein kleiner Raum durch große Glasscheiben abgetrennt, zur anderen Seite ein Fenster zum Hof. Die Möblierung war sparsam, gruppierte sich um eine dicke, tragende Säule in der Mitte des Raumes, ein Tisch, vier Stühle, zwei Einbauschränke. Von ihrem zentralen Arbeitsplatz aus hatte sie einen guten Überblick ob in der Küche alles reibungslos ablief. Das Haustelefon verband sie auch mit anderen Bereichen und Etagen. Außerdem war dieser Raum Treffpunkt für ungestörte geschäftliche Gespräche mit meinem Vater und Tante Elli. Meine Mutter kontrollierte die am Vortag abgegebenen Bons auf Übereinstimmung von Preis und Angabe der Speisen, prüfte Lieferscheine, gab Vorräte heraus.

Ein gemütlicher Aufenthaltsort war das Küchenzimmer nicht, aber unser erster Weg nach der Schule führte uns täglich dorthin, zu unserer Mutter. Wir erzählten unsere Erlebnisse und erkundigten uns: "Was gibt es Schönes zu essen?" Das Mittagessen nahmen wir in der Privatwohnung ein, aber gelegentlich traf sich die Familie zum Abendbrot im Küchenzimmer. Mir gefiel das gut, ich durfte mir etwas Leckeres in der Kalten Küche aussuchen und beobachtete interessiert das Küchengeschehen. Auch meine beste Freundin hatte Zugang zu diesem "Heiligtum" und freute sich, wenn ihr Wunsch auf eine besondere Speise erfüllt wurde.

BÜRO ... UMBAUTEN

.... und moderne Zeiten

Möchten Sie auch noch einen Blick in das Büro, der Schaltstelle des Betriebes, werfen? Hier geschieht nichts Spektakuläres. Es wird verwaltet, mit den Kellnern abgerechnet, Lieferungen bestellt, Rechnungen und Briefe geschrieben. Auch meine Schwester und ich wurden hier eingesetzt. Ich mußte die Angebote und Rechnungen schreiben, leider kann ich mich an keine Preise erinnern. Sehr wohl an verschiedene Gerichte auf der Tageskarte, die täglich zur Ergänzung der Speisekarte auf eine Matritze mit der Maschine geschrieben und von den Kellnern vervielfältigt wurde. Als Nachwuchs beherrschte ich das Zehnfinger-Blind-System und hatte täglich diese langweilige Arbeit zu verrichten. Sogar an meinem freien Tag wußte ich genau, daß mein Vater mit der Bitte "Tippelst du mir die Tageskarte" auf der Bildfläche erschien. Ich erinnere mich an einen von niemand bemerkten Tippfehler, den erst ein Gast entdeckte und der viel belacht wurde. Das Angebot sollte lauten: "Frische Wurst mit Kartoffelsalat 1,--RM ". Es stand aber auf der Tageskarte: "Fris de Wurst mit Kartoffelsalat". Lange Zeit wurde ich damit gehänselt.

In dem kleinen, düsteren Raum mit Aussicht auf den Frachtaufzug für den Keller und Durchblick auf den Hof, war es kein Vergnügen mit vier Personen an zwei Schreibtischen zu arbeiten. Von dem in den 1930er Jahren viel gebrauchten Begriff "Schönheit am Arbeitsplatz" konnte hier keine Rede sein. Es mußte Abhilfe geschaffen werden, ein zweites Büro mit großem Fenster wurde angebaut. Erst sehr viel später kam man auf die Idee, ein eigenes Büro für meinen Vater einzurichten, in dem er ungestört vom Tagestrubel arbeiten konnte.

Mein Platz war am Eingang im alten Büro. Ich wußte wer aus- und ein ging, lernte zu unterscheiden wer Gast, Kunde oder Vertreter war und nahm ihre Anliegen entgegen. Manche gaben sich nicht gerne mit der Kompetenz eines jungen Mädchens zufrieden. Meine Schwester Gerty, vier Jahre älter als ich, trat dann in Aktion, um mir zu helfen. Sie hatte ihren Schreibtisch im Hauptbüro und war für die Tageskasse, die Abrechnungen mit den Kellnern sowie für die Buchhaltung zuständig. Sie hatte eine kaufmännische Ausbildung und war bemüht, ihr Wissen an mich weiter zu geben. Als sie 1934 heiratete, trat ich in ihre Fußstapfen - eigentlich mochte ich das Kaufmännische nicht. Wir beide hätten gern eine Hotelfachschule besucht, leider war unser Vater dagegen. Für meine bisherige Stelle wurde ein junger Kaufmann engagiert, der gerade den Arbeitsdienst abgeleistet hatte. Jedesmal, wenn ich ihm etwas erklären wollte, sprang er vom Stuhl auf, Hände an die Hosennaht und es erklang kurz und zackig „Jawoll". Ich empfand es als sehr störend und gewöhnte ihm dieses Verhalten schnell ab. Nach seiner Einarbeitung übertrug mir mein Vater die Buchführung. Da ich ungestört vom Tagesbetrieb arbeiten sollte, bekam ich einen separaten Raum im Hotelbereich, leider wieder nur mit Aussicht auf den Hof. wo es gar nichts zu sehen gab. Versüßt wurde das Ganze mit einer Gehaltserhöhung. Ich fühlte mich trotzdem sehr unglücklich, den ganzen Tag allein mit trockenen Zah-

Hotel Schwarzer Bär

Fernsprecher: Hotel Nr. 4268
Drahtanschrift: Bärenhotel
Postscheck-Konto: Erfurt 16217

Bankkonten: Hallescher Bankverein, Filiale Gera
Dresdner Bank, Filiale Gera
Allgem. Deutsche Credit-Anstalt, Filiale Gera
Stadt-Sparbank Gera / Gebr. Oberlaender
Thüringische Staatsbank Gera
Commerz- und Privatbank, Gera

Georg Fischer

WEINGROSSHANDLUNG ⚡ STADTKÜCHE

len als einzige Gesellschaft. Gottlob blieb es ein Intermezzo. Mit List, Überzeugungskraft und Unterstützung meiner Mutter gelang es mir, eine andere berufliche Laufbahn einzuschlagen. Meine Heirat 1940 beendete die "Hotelkarriere" endgültig.

Nach dem ersten Weltkrieg, Revolution und Inflation begann ein neuer Zeitabschnitt - auch für das Hotel. Mein Vater plante und realisierte Umbauten und Renovierungen am und im Haus. Es war nicht mehr zeitgemäß, daß die Gäste nach heißem Wasser klingeln mußten, von den Zimmermädchen in Krügen eiligst gebracht. Beim Einbau der Leitungen für kaltes und warmes Wasser entstand auf jeder Etage ein Appartement, Zimmer und Bad durch einen kleinen Vorraum verbunden und zum Hotelkorridor abgeschlossen. Zur Bequemlichkeit der Gäste mußte ein Fahrstuhl an das Haus angebaut werden. Große Erfahrung hatte man in den zwanziger Jahren mit dieser Technik noch nicht. Das Prachtstück nannten wir "Rumpelkiste". Sie fuhr geräuschvoll und rumpelnd auf und ab. Öfters ertönte durch das Haus ein quäkender Ton, einer Autohupe ähnlich. Wieder mal war ein ahnungsloser Fahrgast stecken geblieben. Es mußte dann auf schnellstem Wege ein dienstbarer Geist in den Keller rennen und das unwillige Gefährt von Hand mit einer Kurbel zur nächsten Etage drehen. Ich erinnere mich, daß Schilder "Außer Betrieb" an den Türen hingen und die Aufzugsmonteure häufige "Gäste" im "Bären" waren. Der Fahrstuhl hat aber viele Jahre seinen Dienst getan und ist wohl erst mit der Sprengung des Gebäudes endgültig "Außer Betrieb" gegangen.

Die Hotelküche wurde durch einen neuen Kühl- und Gefrierraum modernisiert. Nun brauchte die "Eisfee" mit dem Silberblick und der großen roten Gummischürze nicht mehr täglich schwere Eisriegel anzuliefern und in die Eiskästen zu verstauen. Eine Spülmaschine ersetzte zum größten Teil die mühsame Handarbeit der Spülfrauen. Später, Ende der 1920er Jahre, wurde die Vorderfront des Hauses zur Schloßstraße und Bärengasse verändert. Der

Links der Briefkopf des Hotels, der über viele Jahre nicht verändert wurde. Der schwarze Bär ging von links nach rechts. Das Foto zeigt das Gebäude nach der Modernisierung der Vorderfront, und Anbringung der Leuchtreklamen im Jahre 1929. Die Fassade zur Straße "Neustadt" blieb im ursprünglichen Stil erhalten.

Stil der Gründerjahre und Kaiserzeit war nicht mehr zeitgemäß, man entledigte sich der Verschnörkelungen. Sachlichkeit und klare Formen waren jetzt bevorzugt. Auf einem der Giebel an der Ecke Schloßstraße, Neustadt in Richtung Bahnhof, wurde die erste Lichtreklame Geras "Pschorr Bräu" installiert, sowie zwei große Lichtsäulen mit der Aufschrift "Hotel Bär" an der Hausfront.

Mein Vater entwickelte gern neue Strategien, darum bemüht sein Haus bekannt zu machen, den guten Ruf zu erhalten bzw. zu steigern. Heute würde man eine Unternemensberatung und eine Werbeagentur einschalten. Derartige Hilfsmittel waren wenig bekannt. Ab und zu erschien in den "Gerarer Nachrichten", bei besonderen Anlässen, eine Annonce wie z.B. "Haben Sie schon für die Feiertage einen Tisch im "Bären" bestellt, oder "Schlachtfest im Bären".

Die Reisenden begannen sich zu motorisieren. Die Hausdiener hatten jetzt weniger Gäste am Bahnhof in Empfang zu nehmen. Mein Vater ließ an den Straßen nach Gera Reklametafeln aufstellen mit folgendem Text: "Fahren Sie nicht um, sondern durch Gera und kehren Sie im Bären ein." Andere Werbemittel waren Kleiderbügel, Ansichtskarten mit Innen- und Außenaufnahmen des Hotels, sowie Kofferaufkleber mit "Hotel Schwarzer Bär Gera." Außerdem war die schon erwähnte Teilnahme an der "Thüringer - Kochkunstausstellung" ein Muß.

Kurz vor dem festlichen Höhepunkt des Jahres erschien in der Geraer Zeitung eine Anzeige: "Sylvesterfeier mit Tanz im Bären, haben Sie schon einen Tisch bestellt?" Viele Freunde des Hauses wollten das Alte Jahr feierlich mit einem besonderen Abendessen und guten Getränken verabschieden, um dann fröhlich nach den Klängen einer Tanzkapelle das Neue Jahr zu begrüßen. Unsere Lieferanten nahmen gern diese Gelegenheit wahr durch ihre Anwesenheit die guten Geschäftsbeziehungen zu vertiefen. Es war schon früher Morgen, wenn mein Vater die letzten Gäste verabschiedete. Ich hole einige Namen aus meiner Erinnerung hervor. Sie waren zum Teil nicht nur Lieferanten, sondern auch Nachbarn, die ich schon als Kind gut kannte: Bei Fleischermeister Janke, Neustadt, bekam ich mit Sicherheit eine extra Wurstscheibe, ebenso bei Fleischermeister Kaiser, Schloßstr. Zu Bäckermeister Vogel, ebenfalls Neustadt, wurden die großen runden Kuchenbleche

Der Werbespruch auf
der Postkarte war
auch auf Schildern
vor der Stadt zu lesen.

und vor allen Dingen die Weihnachtsstollen zum Abbacken gebracht. Es duftete dort so wunderbar und von Frau Vogel bekamen wir bestimmt ein Hörnchen mit freundlichen Worten über den Ladentisch gereicht. Bei "Jägers" gab es besonders leckere Pfannkuchen, besser als "Berliner" bekannt. Einer der Schnapslieferanten, Häusler, hatte den schönen Werbespruch: "Vom Glück ein Splitter ist Häusler Bitter." Nicht zu vergessen ist die "Dufthütte" in der Schloßstraße, Heinzes sorgten für blütenweiße Sauberkeit.

Zur Belebung des Geschäftes am Nachmittag engagierte mein Vater eine Geigenspielerin, die von einem Pianisten begleitet wurde. Für eine größe-

Im Kneipzimmer hatte der Fotograf eine Szenerie aufgebaut, die als Preisausschreiben auf einer Postkarte an die Gäste verteilt wurde. Auf der Rückseite ist die Aufgabe zu lesen. Die beste Lösung des Preisrätsels, seine Verwendung und der/die GewinnerIn sind mir leider nicht bekannt.

Preisausschreiben für meine Gäste!

Finden Sie zu dem umstehenden Bilde, welches Ihnen das Ende fröhlich verlebter Stunden in meinem Kneipzimmer zeigt, eine treffende Unterschrift und schicken Sie mir diese im verschlossenen Umschlage mit Ihrer werten Anschrift versehen ein.

Für die besten Lösungen setze ich folgende Preise aus:

1. Preis:
Abendessen für 2 Personen einschl. 1 Flasche Wein und 1 Flasche Schaumwein in meinem Weinzimmer.

2. Preis:
Abendessen für 2 Personen einschl. 1 Flasche Wein in meinem Weinzimmer.

10 weitere Preise:
Je 1 Flasche Hausmarke (Gräger-Sekt).

Die Einsendungen sind mit der Anschrift „Preisfrage" an „Hôtel schwarzer Bär, Gera" zu richten. Der Einsendungstermin läuft am 15. Dezember 1929 ab. Bei gleich guten Einsendungen entscheidet das Los. Der Entscheid ist endgültig und unanfechtbar.

Hochachtungsvoll

Georg Fischer, Gera.
„Hôtel schwarzer Bär".

re Auswahl an Torten und Kuchen sorgte ein extra eingestellter Konditor. Die Aktion verlief leider mit mäßigem Erfolg. Ich erinnere mich auch, daß an einem Tag nur ein einziger Gast im "Bären" Quartier nahm. Selbst wir Kinder spürten sehr, ob das Geschäft gut oder schlecht lief. Wir bemühten uns dann, besonders artig zu sein.

Die schwierigen Jahre nach der Inflation und die Weltwirtschaftskrise gingen auch am Bären nicht spurlos vorbei. Um den Betrieb über Wasser zu halten, waren enorme Anstrengungen erforderlich. Trotz großer Sparmaßnahmen mußten Hypotheken und Kredite aufgenommen werden.

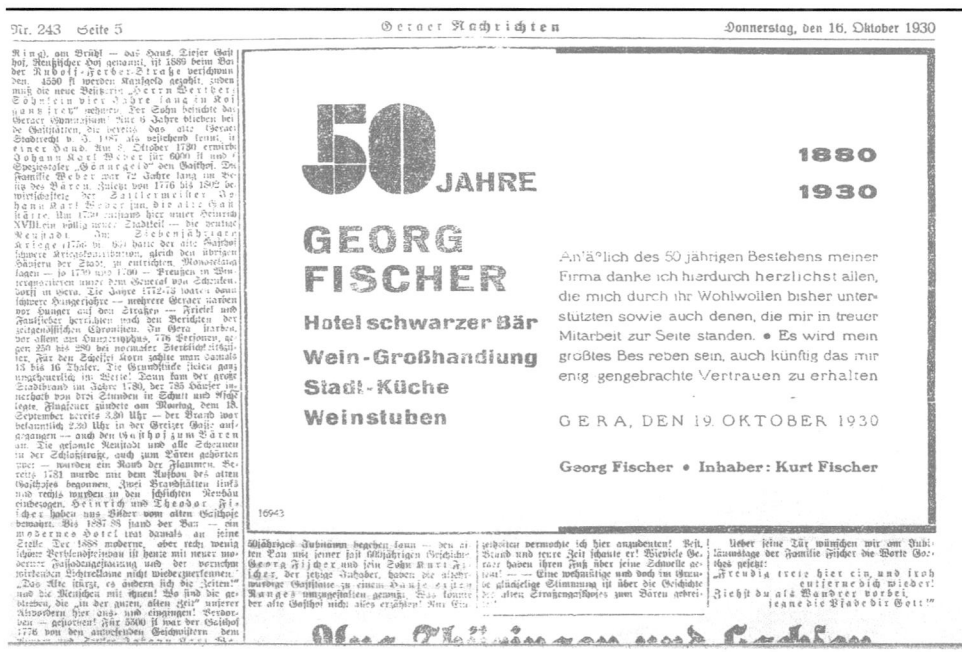

*Die Anzeige in den "Geraer Nachrichten"
erschien 1930 anläßlich des 50 jährigen Jubiläums
der Firma Georg Fischer innerhalb der Chronik von
Ernst Kretschmer, dem damaligen Stadtarchivar.*

AUTO UND RADIO

Technischer Fortschritt .....

Wenden wir uns wieder den heiteren Seiten des Lebens zu, die wirtschaftliche Lage verbesserte sich. Die Technik boomte, der Fortschritt war nicht aufzuhalten. Sollte ein Auto gekauft werden oder nicht? Ich bin überzeugt, daß für Kurt Fischer die Beantwortung von vornherein feststand. Er wollte, wenn der Wunsch in die Tat umgesetzt wurde, das Neueste vom Neuesten haben. Die Wahl fiel auf das amerikanisches Modell "Cleveland" mit beweglichem Verdeck, Innengangschaltung, und mit elektrischer Hupe. Scheibenwischer und Richtungsanzeiger waren noch von Hand zu bedienen. Weitere im Verkehr befindliche Autos waren mit Hupen à la USA ausgestattet, die einen krächzenden, mißtonigen Laut von sich gaben und andere Verkehrsteilnehmer sich derart belästigt fühlten, daß Anzeige erstattet wurde. Das Gericht befand sich in einer schwierigen Lage, hier Recht zu sprechen. Es mußte also ein fachlich kompetenter Gutachter her. Die Wahl fiel auf Professor Laber, den Leiter des Orchesters des Reußischen Theaters. Er bestellte die Angeklagten mit ihren Autos zum Bühneneingang des Theaters in der damaligen Promenadenstraße. Dort mußte jeder einzelne die Hupe betätigen und dann alle gemeinsam. Das Urteil des Professors lautete, er könne keine Dissonanzen feststellen und das Ganze sei durchaus nicht zu beanstanden. Also durfte weiter gehupt werden. Ich erinnere mich an die

Geschichte so genau, weil zum Einen auch mein Vater unmittelbar betroffen war und zum Anderen vor der salomonischen Entscheidung ausgiebig am Stammtisch diskutiert worden war, was rechtens sei. Professor Laber soll einen Riesenspass an der Aktion gehabt haben. Der Ausgang des Verfahrens wurde von den Beteiligten mit einem guten Tropfen begossen.

Das Auto bereicherte das Freizeiterlebnis und erweiterte den geistigen und räumlichen Horizont ungemein. Für mich ergab sich ein unvorhergesehener Erfolg. War mein Lieblingsfach in der Schule bisher schon Heimatkunde, so entwickelte ich mich fast zur Expertin die erzählen konnte, über die Grenzen von Gera hinaus, wie es dort aussah und was es dort zu erleben gab. Ich war ja selbst dort gewesen, wo die Herren Lehrer sich nicht auskannten und sie hörten gern zu. Ich fand es interessant zu wissen in welcher Richtung man fahren mußte, um ein gewünschtes Ziel zu erreichen. Es passierte manchmal, daß ich während der Fahrt einschlief. Mein Vater, darüber ver-

Den Führerschein hatte ich noch nicht, aber zum Fotografieren durfte ich mich im Garten an das Steuer des schönen Autos setzen.

ärgert, stupste mich an mit der Bemerkung: "wir fahren hier nicht durch die Gegend, damit Du schläfst, halte die Augen offen, damit Du was lernst." Meine verschlafene Antwort: "Hier war ich schon, das kenne ich, da kann ich schlafen."

Als ich 21 Jahre alt wurde, schenkte mir meine Großmutter den Führerschein. Unser Chauffeur, Herr Krüger, war Fahrlehrer beim Militär gewesen, übte unerbittlich mit mir, häufig das Rückwärtsfahren. Die Autos von damals waren ohne die heutigen Hilfsmittel sehr schwer zu fahren. Beim Schalten mußte man Zwischengas geben, sonst kam man gar nicht in einen anderen Gang. An Servolenkung war gar nicht zu denken. Er erteilte mir den Befehl zum Portal der Johanniskirche zu fahren, den ich tadellos ausführte. Aber dann... "jetzt fahren Sie rückwärts in die Zabelstraße", ich bemühte mich mit vollem Einsatz den Wagen in die richtige Position zu bringen, er landete immer quer. Das ganze peinliche Manöver wurde von meiner Cousine Hildegard und ihren Feundinnen vom Fenster der Zabelschule aus mit Hohngelächter verfolgt. Zum Anfahren am Berg gab es in Gera ausreichend Gelegenheit dies zu üben, ich steuerte den großen Wagen immer sicherer durch die engen Gäßchen und kam mit dem gemischten Verkehr von Pferdewagen und Autos gut zurecht. Auf den Landstraßen fuhr man das "Höllentempo" von 80 km/h, die Höchstgeschwindigkeit der Autos. Die damals noch freilaufenden Hühner der Bauern flüchteten blindlings - vor die neumodischen Vehikel und fiel manchem zum Opfer. Es war immer "das beste Legehuhn" wenn es zur Schadensregulierung kam. Mir ist dies zum Glück nicht passiert.

Eines Tages war es so weit. Die Fahrprüfung mit einem weiteren Teilnehmer sollte durchgeführt werden. Die theoretische Prüfung war ein Kinderspiel. Dann stiegen wir in das Auto, Fahrlehrer und Prüfer saßen hinten. Ich folgte den Anweisungen durch verschiedenste Straßen Richtung Ronneburg, in einen Feldweg mußte ich rückwärts einfahren, dann wieder zur Humboldstraße, dem Sitz der Fahrschule. "Herzlichen Glückwunsch, Sie haben die Prüfung bestanden, hier ist der Führerschein." Zuhause stellte ich fest, daß er schon einige Tage vorher unterschrieben worden war.

Kurt Fischer war ein rühriger Geschäftsmann und für Neuerungen aufgeschlossen. Immer bemüht, seinen Gästen zur Unterhaltung etwas Ausgefallenes zu bieten. Ein Radio sollte installiert werden. In den 1920er Jahren noch wenig erprobt. Heute ist es kaum vorstellbar, welch abenteuerliches und kostspieliges Unterfangen es damals war. Meine ausführliche Schilderung wird es Ihnen verständlich machen.

Zunächst mußte ein Fachmann gefunden werden, der Radios verkaufte und sie auch installieren konnte. Um überhaupt einen Ton aus dem Gerät herauszulocken, wurde auf dem Dach eine hohe Antenne errichtet. Das war schon recht teuer. Dann begann die Verkabelung. Eine Leitung endete auf dem Dachboden an einem Hebel, der abends nach Ende der Sendung umgelegt, also geerdet wurde. Zuverlässig erinnerte der Ansager "vergessen Sie nicht die Antenne zu erden, wir wünschen eine gute Nacht". Diese Zeremonie war notwenig, falls ein Blitz in die Antenne einschlagen sollte, sonst wäre die Anlage zerstört worden. Vom Dachboden aus wurde das Kabel zum Empfänger weitergeführt. Klingt ganz einfach, aber welch ein Abenteuer war damit verbunden. Das ganze Unternehmen war ein Probelauf, da sich niemand sicher sein konnte, ob das Wunderding auch funktionieren würde. Unsere Privatwohnung lag in der dritten Etage, nicht weit von der Installation entfernt. Im Familienrat wurde beschlossen, das Radio solle im großen und geräumigen sog. "Herrenzimmer" aufgestellt werden. Mein Vater fand es geeignet, seine Freunde und ganz besondere Gäste dort zu dem Spektakel zu empfangen. Meine Mutter stimmte etwas zögerlich zu, ob die Gute wohl ahnte, was auf uns zukommen würde? Viel Auswahl an Radiogeräten gab es nicht, man folgte dem Rat des Fachmannes und erwarb einen voluminösen Kasten, wegen der besseren Ton- und Klangfülle. Zunächst hörten wir, wenn überhaupt, über Kopfhörer, "Karnickelohren" genannt. Lautsprecher waren noch in Erprobung, wurden für bald in Aussicht gestellt. Der Größe des Kastens entsprechend mußte ein Stellplatz geschaffen werden, wozu etliche Möbel umgestellt wurden, demzufolge bekamen Teppiche und Bilder einen neuen Platz. Was bot sich da mehr an, als gleich das ganze Zimmer gründlich zu reinigen. Die Staubsauger standen noch in den Kinderschuhen und waren nicht sehr wirkungsvoll. Ein Hausdiener erhielt Order, die Teppiche, wie schon beschrieben, im Hof zu klopfen. Inzwischen wurden die vier Doppelfenster geputzt, ein ziemlich gefährliches Unternehmen. Sie waren hoch, bis ins obere Ende nur mit einer Leiter zu erreichen. Um sie von außen zu reinigen, mußte man auf die Fensterbank steigen und sich rausbeugen. Nicht hinunter schauen!

Nach all diesen Mühen stand das Prachtstück an seinem Platz, ehrfürchtig von allen Beteiligten bestaunt. Soweit, so gut, jetzt hatte der Radiofachmann seinen großen Auftritt. Von allen erwartungsvoll begrüßt, nicht ahnend, daß er über einen längeren Zeitraum fast ein Familienmitglied werden würde. Seine unerschütterlichen Bemühungen um die Technik gingen uns auf die Nerven, ebenso wie der Qualm seiner billigen, stinkenden Zigarren. Meinem

Vater, um den Hausfrieden bemüht, blieb nichts anderes übrig, als ihm seine eigenen anzubieten. Kein Wunder, daß sich unser "Hausfreund" so lange Zeit bei uns niederließ.

Die Leserin, der Leser wird meinen, daß es allmählich Zeit wird, zu berichten, wie uns die ersten Klänge erfreuten. Gemach - soweit sind wir noch lange nicht. Heute erscheint mir alles wie eine Groteske, damals war es ein ganz großes Ereignis! Jetzt tritt der Fachmann erneut in Aktion. Als erstes wird die Verbindung vom Gerät zum Schalter auf dem Dachboden hergestellt, mittels eines Kabels, welches vom Zimmer über den Vorraum, die Bodentreppe hinauf, durch zwei Türen verlegt wird. Das war der kürzeste Weg, aber es wurden viele Löcher in Türen und Fensterrahmen gebohrt. Schade, das Großreinemachen hätte man sich ersparen können. Nun war die Verbindung zur Antenne und somit zum Sender hergestellt und die Familie versammelte sich voller Spannung vor dem Radiogerät. Einschalten und - ein ohrenbetäubendes Maschinengewehrfeuer knatterte uns entgegen. Nun begann die spannende Feinarbeit. Lange hörten wir weiter nichts, irgendwann spät in der Nacht ertönte das Pausezeichen aus London, der Westminstergong. Welch ein Erlebnis. Nach zahlreichen Experimenten mit anderen Kopfhörern, Lautsprechern, neuen Drähten und Löchern, kam man endlich dahinter, daß ein Empfang nicht möglich war. Jedes Betätigen eines elektrischen Gerätes, jede Bewegung des Aufzuges und vor allem die Straßenbahn malträtierte Ohren und Nerven. Nichts war entstört, bis man diese Ursache ausschalten konnte, vergingen Jahre. Die Kabel wurden wieder entfernt und wir vergnügten uns noch längere Zeit mit aufziehbarem Grammophon und zerbrechlichen Schellackplatten.

SCHWERE JAHRE UND ENTEIGNUNG
Die Familie wird auseinander gerissen

Nach der Machtergreifung 1933 erfaßte das Volk eine Aufbruchstimmung, die aber nicht allzulange anhielt. Wir ahnten, dunkle Wolken würden über Deutschland heraufziehen, denen niemand entgehen konnte. Die Leitung und Aufrechterhaltung des Hotelstandarts wurde sehr schwierig. Die bestellten Lieferungen trafen schleppend oder manchmal auch gar nicht ein. Zum Teil mußten Reserven angegriffen werden. Zwangsläufig wurde die Speisekarte weniger umfangreich. Ausländische Erzeugnisse waren nicht mehr zu beschaffen. Zum Zeichen der Volksverbundenheit wurde der "Eintopfsonntag" in ganz Deutschland angeordnet. Sein Name besagt schon, daß nur ein einziges Gericht, nämlich ein Eintopf, serviert werden durfte.

Die Schikanen steigerten sich in der Kristallnacht 1938, in der jüdisches Eigentum zerstört wurde. Überall an geschäftlichen Einrichtungen, Läden, Praxen, Kanzleien, die jüdischen Mitbürgern gehörten oder an denen sie beteiligt waren, wurden Parolen mit der Aufschrift "Juden raus" geschmiert. SA Männer wurden als Posten aufgestellt. Das gleiche geschah auch vor dem Privateingang Schloßstraße 1 und galt der Rechtsanwaltpraxis Dr. Paul und Hauptmann. Mein Vater war wütend und beschwerte sich umgehend an oberster Stelle, daß der "Bären" diskriminiert würde, aus für ihn nicht nachvollziehbaren Gründen. Uns war ziemlich mulmig, was passieren würde.

Ohne Folgen wurden am gleichen Tag die Posten abgezogen und die unsäglichen Schmierereien entfernt.

Anderen Represalien gegen Juden widersetzte sich mein Vater, so weit wie möglich. Am Bären war nie das Schild "Juden unerwünscht" zu lesen. Unseren davon betroffenen Gästen u.a. Steinitz (Hutgeschäft) Biermann (Textilkaufhaus), Hauptmann (Geschäftsinhaber), Masur (Fabrikant) stellte mein Vater das sog. Kneipzimmer zur Verfügung, um ihnen eventuelle Anpöbelungen in den anderen Gasträumen zu ersparen. Der Führer befahl, wir mußten folgen. In diesem Zusammenhang leistete sich einer meiner Mitprüflinge in der Fahrprüfung einen ungewollten Witz. Nach Paragraph 1 der STVO befragt, gab zur Antwort: "Ein Fiehrer derf nicht flichten." (sollte heißen: "Ein Führer darf nicht flüchten") Allgemeine Heiterkeit durfte nicht laut werden.

Als der Krieg am 1. September 1939 ausbrach, erstarb das gewohnte Leben. Von nun an wurden Lebensmittelmarken und Bezugsscheine eingeführt und die Verordnung zur Verdunklung trat in Kraft. Sämtliche Fenster des "Bären" mit schwarzen Papierrollos und die Eingangstür mit schweren Filzvorhängen zu verdunkeln war Sissiphusarbeit. Besonders schmerzlich traf uns der Verlust unseres neuen Autos, eines BMW, wenige Tage nach Kriegsbeginn wurde es auf nimmer Wiedersehen eingezogen.

Ich erlebte zunächst nur das erste Kriegsjahr in Gera. Als ich 1940 nach Berlin heiratete, ahnte ich noch nicht, daß ich bereits drei Jahre später unter dem gastlichen Dach des "Bären" Unterschlupf suchen würde. Ende 1943 verstärkten sich die Luftangriffe auf Berlin. Mein Mann mußte Anfang des Jahres im Auftrag seiner Firma nach Japan. Eine ungewisse Seereise als Zivilist auf dem letzten Blockadebrecher. Ich fand es sicherer die Hauptstadt mit unserer kleinen zweijährigen Tochter Margot zu verlassen. Meine Schwester, die auch in Berlin lebte, folgte bald mit ihrer vierjährigen Tochter Christine. So war also die Familie Fischer zunächst wieder beisammen. Zwar ohne Männer, dafür aber mit zwei kleinen Kindern.

Der Hotelbetrieb mußte den schwierigen Kriegsverhältnissen angepaßt werden. Die Laufereien und Kontakte zu den Behörden hatten stark zugenommen. Bezugsscheine, die für fast alles, was man zur Aufrechterhaltung

Das alte Gera in einer Luftaufnahme aus den späten 1920er Jahren. Am oberen Bildrand das Hotel "Schwarzer Bär" zur Bärengasse gesehen. Links das "Städtische Museum", im Vordergrund das Kaufhaus "Biermann" mit dem Posthumus Denkmal auf dem Johannisplatz.

des Betriebes benötigte, mußten besorgt werden. Die Beschaffung, vor allem der Lebensmittel, war mit großem Zeitaufwand und Mühen verbunden. Auch die Einführung der Lebensmittelmarken brachte einen erheblichen Arbeitsaufwand in Restaurant, Küche und Büro. Für jedes Gericht benötigte der Gast die dafür erforderlichen Marken. Die notwendige Menge war auf der dürftigen Speisekarte vermerkt. Der Kellner gab sie, zusammen mit dem Bestellbon, in der Küche ab. Die Übereinstimmung wurde kontrolliert und die

Bons in einzelne Kästen sortiert. Am nächsten Tag folgte die mühselige Arbeit, das Aufkleben der sehr kleinen Marken mit einem schmierigen Kleister. Am Ende des Bogens wurde vermerkt, um welche Menge es sich jeweils handelte. Vorwiegend meine Mutter erledigte die leidige Arbeit, sie war ihr schon im ersten Weltkrieg zugefallen. Auch unsere absolut zuverlässigen Mamsells klebten geduldig Marke für Marke. Die Endkontrolle führte ich durch. Ich mußte die geklebten Marken korrekt überprüfen, denn es gab kein Gramm mehr auf die Bezugsscheine als abgegeben wurde. Mir blieb sonst für den Betrieb nicht viel Zeit übrig, ich hatte die Betreuung der beiden kleinen Mädchen übernommen. Meine Schwester, die gern im Betrieb war und gut mit Menschen umgehen konnte, übernahm die Behördengänge und mit viel Geschick im Organisieren den Einkauf bei unseren Lieferanten. Ab und zu gab es gelegentlich auch etwas ohne Marken. Sei es ein Sack Rote Rüben, Steckrüben oder Ähnliches. Sehr zur Freude des Küchenchefs, der den Gästen daraus zusätzlich markenfrei etwas Schmackhaftes zubereitete. Sie wußten das Angebot im "Bären" zu schätzen. Viele konnten sich bei Kriegsende häufig selbst keine warme Mahlzeit mehr zubereiten.

Vorräte, wie sie zu einem gut geführten Haus gehören, waren kaum anzulegen. Vorhandene unverderbliche Güter, z.B. Wäsche, Glühbirnen, Gläser, Geschirr, Besteck u.s.w. mußten sparsamst eingesetzt werden, denn es gab keinen Ersatz. Es ist heute kaum verständlich, daß man meine Mutter wegen dieser geringen Vorräte als "Wirtschaftsverbrecherin" angeklagt hat und dies 1953 zur Enteignung des "Hotel Schwarzer Bär" führte. Doch davon später.

Auch Gera blieb von Luftangriffen nicht verschont. Wir fühlten uns und andere Schutzsuchende bei Alarm tief unten im Höhler sicher. Er hatte zwei

Notausgänge, zur Bärengasse und zum Hof. Der Notfall ist zum Glück nicht eingetreten. Das Haus wurde von Bomben verschont. Zu allem Unglück hatte ich mir den Fuß gebrochen. Durch zu spät ausgelösten Fliegeralarm während des Angriffes auf Dresden am 13. Februar 1945, flüchteten alle überstürzt in den Schutzraum. Auf der letzten Stufe im Treppenhaus knickte ich um und konnte nicht mehr auftreten, und das mit einem Kind auf dem Arm. Zu unserer Sicherheit zogen meine Schwester und ich mit den Kindern in das Gartenhaus. Den beschwerlichen Weg mußte ich mit dem eingegipsten Fuß bewältigen. Noch schwieriger wurde es, als Margot an Masern erkrankte, es blieb keine Zeit zur Bettruhe. Wenig später verließen wir das Gartenhaus, da der Einmarsch der Amerikaner bevorstand. Die letzte Nacht vorher verbrachten wir im Höhler, voller Sorgen, was uns die nächsten Stunden bringen würden. In den buchstäblich letzten Minuten des Kampfes um Gera am 14. April 1945 bekam der private Teil des Gebäudes einen Artellerietreffer ab, der aber keinen großen Schaden anrichtete. Der Geschützlärm verstummte und die Nachricht, "die Amerikaner sind da", verbreitete sich in Windeseile. Die Erleichterung, die jeden erfaßte noch am Leben zu sein, ist nicht zu beschreiben. Für uns war der Krieg an diesem Tag beendet.

Die Besatzung erlebten wir hautnah. Die Amerikaner beschlagnahmten den gesamten Gebäudekomplex des "Bären" als Quartier für ihre Stabsoffiziere. Der Befehl erging: "Alle Zivilpersonen verlassen das Haus. Zurückbleiben darf der Besitzer mit seiner Familie, hat aber die Kellerräume nicht zu verlassen". Für uns war es sehr beeindruckend, als jeder von uns eine dicke, weiße Kerze zugeteilt bekam, es gab keinen Strom. Unsere Frage an die Befreier, ob wir den Rest der Kerzen am nächsten Morgen zurück geben sollten, erregte bei ihnen fassungsloses Staunen und verständnisloses Kopf-schütteln. Die Kommunikation verbesserte sich Dank des forschen Auftre-tens und der guten Englischkenntnisse meiner Schwester. Die Wohnungen wurden nach einigen Tagen wieder frei gegeben. Wir fanden ein ziemliches Chaos vor, aber es war kein wesentlicher Schaden entstanden.

Die Feldküche der Besatzer wurde unter großen Zeltplanen im Hof ein-gerichtet. Kein Zivilist hatte Zutritt. Beim Anblick der Fülle und Qualität der Lebensmittel aus dem amerikanischen Nachschub lief uns das Wasser im Mund zusammen. So etwas hatten wir jahrelang nicht mehr gesehen. Hotel und Restaurant waren geschlossen. Unsere Angestellten arbeiteten für die "neuen Gäste". Einzige Einnahmequelle war die Hotelwäscherei, die Pflege der Uniformen und die Wäsche wurde gegen Bezahlung übernommen.

Nach der Kapitulation Deutschlands am 8. Mai 1945 lag die Zukunft im Ungewissen. Eines Tages wurde der Bären geräumt, auf den Straßen waren kaum noch Soldaten zu sehen, nur die Post war noch durch ein Kommando besetzt. Der "Bären" stand leer. Herumschwirrende Gerüchte und der recht-lose Zustand ließen uns Plünderungen befürchten. Meine Schwester unter-nahm den verzweifelten Versuch bei den Soldaten auf der Post Hilfe zu be-kommen. Sie schaffte es - zwei Posten wurden vor den Hoteleingang ge-stellt, und so blieben wir verschont.

Ob die Amerikaner noch bleiben würden, stellten wir morgens fest, wenn die Flagge der USA noch auf dem Rathaus aufgezogen war. Eines Tages blieb der Fahnenmast leer. Die Amerikaner zogen unter dramatischen Ereig-nissen ab. Am 1. Juli, nachmittags explodierte ein mit Seeminen beladener Güterzug und zerstörte die Gasanstalt. Eine Katastrophe für die Stadt.

Nach Abzug der Amerikaner folgten die Sowjets am 2. Juli 1945. Wieder wurde das Hotel mit Beschlag belegt. Statt der Feldküche der Amerikaner standen nun Militärfahrzeuge im Hof. Zum Teil mit großen, schönen Teppichen, aus Kriegsbeute, bedeckt. Jetzt wurde in der Hotelküche gekocht, mit Lebensmitteln, die man bei der Bevölkerung requirierte. Zu unserem Glück erhielten wir den Befehl: "Du für uns arbeiten, Du auch essen." Die Hotelführung blieb uns überlassen.

Unsere Galsträume wurden streng nach militärischem Rang eingeteilt. Vom Leutnant im Café bis zum General in der Weinstube. Gab es Handgreiflichkeiten unter den Offizieren, betätigte unser Portier den Alarmknopf zur Kommandantur. Sehr schnell erschien eine Streife, die die Streithähne umgehend mitnahm. Gelegentlich gab es massive Auseinandersetzungen mit sichtbaren Spuren. Nach kurzer Zeit erschienen die Kontrahenten, medizinisch versorgt, wieder auf der Bildfläche. Der Wunsch "Vater Schnaaaaps" wurde laut. Gemeint war mein Vater, der Hüter der begehrten Köstlichkeiten.

Es kursierten zu Anfang der Besatzungszeit oft recht wunderliche Geschichten über die "Russen". Von einer Begegnung meiner Eltern mit zwei Soldaten kann ich berichten, die sich tatsächlich so zugetragen hat. Eines Abends saßen die beiden gemütlich und nichtsahnend im Garten, nahe des Ferberturmes, den Feierabend geniessend. Nur selten kamen Spaziergänger vorbei. Plötzlich tauchten zwei Soldaten auf und forderten von meinen Eltern "Uhri, Uhri". Ein allgemein bekannter und gefürchteter Befehl. Kaum jemand ging noch mit einer Uhr aus dem Haus und so konnten meine Eltern auch keine aushändigen. Was würde nun geschehen? Die Situation war kritisch. In ihrer Enttäuschung schmissen die Soldaten die Gartenmöbel in den

Meine Eltern Kurt und Martha Fischer, gemeinsam haben sie unerschütterlich über 30 Jahre das Hotel durch viele Höhen und Tiefen geführt.

Teich und entfernten sich unter Androhung, den Garten nicht vor zwei Stunden zu verlassen, "sonst Du tot." Dieser Order haben sie sich natürlich nicht widersetzt.

Über das weitere Hotelgeschehen kann ich nicht berichten, durch Krankheit und Abwesenheit habe ich über ein Jahr nicht daran teilgenommen. Die Großfamilie bewährte sich wieder, bei Großeltern, Tante, Onkel und Cousine war meine Tochter gut aufgehoben.

Im April 1947 trat erneut eine Wende in meinem Leben ein, mein Mann, von dem ich vier Jahre wenig gehört hatte, kehrte aus Japan zurück, wurde in seine Heimat Michelstadt/Odenwald entlassen. Im Rahmen der Familienzusammenführung durften meine Tochter und ich die Ostzone verlassen.

Durch den Aufbau einer neuen Existenz und stark eingeschränkten brieflichen Verkehr, es wurde nur Persönliches ausgetauscht, hatte ich kaum Anteil an den Ereignissen im "Bären". Anläßlich meines letzten Besuches 1951 in Gera, konnte ich mir kein genaues Bild von der allgemeinen Situation und Geschäftslage verschaffen. Mein Vater lag schwerkrank im Krankenhaus, Schwester und Schwager bemühten sich um den Betrieb.

Kurt Fischer verstarb am 8. April 1952. Das Hotel sollte HO Betrieb werden. Es kam zu keiner Einigung. Am 23. März 1953 wurde Martha Fischer, als alleinige Geschäftsinhaberin, unter dem Vorwand, sie habe sich "Wirtschaftsverbrechen" schuldig gemacht, verhaftet. Die Staatsanwaltschaft des Stadtkreises Gera verfügte Vermögensbeschlagnahme. Der versuchte Selbstmord mißlang.

Meine Schwester (1910-1955) und mein Schwager mußten ebenfalls mit Verhaftung rechnen. Ihm gelang nachts die Flucht. Über meine Schwester wurde Hausarrest verhängt, sie konnte sich wenige Tage später mit ihrer Tochter absetzen und somit weiteren Schwierigkeiten entziehen.

In dem Prozeß am 16. Juni 1953 wurde Martha Fischer zu zwei Jahren Zuchthaus verurteilt, die sie in Hohenleuben und Zwickau absaß. Daß sie dort gute Bekannte wiedersah, die ein ähnliches Schicksal getroffen hatte, konnte sie nicht trösten. Am 19. Februar 1954, kurz vor ihrem 70. Geburtstag wurde sie vorzeitig, völlig mittellos auf Bewährung entlassen. Ihre Schwägerin Elli Bockmühl durfte sie kurzzeitig aufnehmen. Wenige Wochen später war es meiner Mutter nicht mehr erlaubt, das Haus zu betreten. Damit endet die Ära der Familie Fischer im Hotel "Schwarzer Bär".

Nach der Enteignung wurde das Hotel HO Betrieb.

26.-28. Mai. 1976, wird der gesamte Gebäudekomplex gesprengt wie schon vorher (1974) die umliegende 1731 angelegte Neustadt. Das ist das Ende der Jahrhunderte alten Bärengeschichte.

30. SEPTEMBER 1992, MARTHA FISCHER (1884-1969) WIRD, 23 JAHRE NACH IHREM ABLEBEN, VON DEM BEZIRKSGERICHT MEININGEN, NACH WEITEREN 5 JAHREN, AM 20. AUGUST 1997, VOM LANDGERICHT GERA VOLL REHABILITIERT.

DOKUMENTATION

Zeitungsausschnitte und Fotos von 1953-1976

Einer Großschieberin übelster Sorte das Handwerk gelegt

Modern ausgestattet, durch Zwischenwände abgetrennte besondere Kellerräume, im Volksmund „Höhler" genannt, die in keinem Bauplan eingezeichnet sind... Das klingt wie in einem billigen Kriminalroman. Und doch ist es Wirklichkeit. Wo das ist? Im Hotel „Schwarzer Bär" in Gera.

Der guten Arbeit unserer Volkspolizei ist es zu verdanken, daß umfangreiche Schiebungen der Hotelbesitzerin F i s c h e r, die bis in die Gegenwart reichen, entdeckt wurden. Waren und Geldsendungen mit Hilfe dritter Personen nach und von Westdeutschland nahm die „alte Dame" vor. Damit verstieß sie gegen die Bestimmungen des innerdeutschen Zahlungs- und Warenverkehrs.

Wie sieht das wirkliche Gesicht der so leutselig erscheinenden Fischer aus? Das Küchenpersonal mußte von zu Hause Messer mitbringen, um überhaupt arbeiten zu können, aber im Keller und in der Privatwohnung der Fischer fand die Volkspolizei 829 Blechbestecke, 308 silberne Messer, 530 Gabeln, 422 Löffel, 24 Silberplatten und mehrere Leuchter, alles gut in Kisten verpackt. Bettwäsche und Handtücher waren im „Bären" immer knapp, man suchte sich die Gäste aus, denen man größeren Komfort einräumte, aber

allein 350 noch nie gebrauchte Handtücher, mehrmals Bettwäsche, von der schon ein großer Teil nach „drüben" verschoben worden war, wurden jetzt ans Tageslicht befördert.

Jeder kann sich noch an die Zeit erinnern, als wir uns mit Heißhunger auf die „Zudelsuppe" stürzten. Die Fischer hat das nie kennengelernt. Sie brauchte nicht einmal erst auf die alten Bestände an Büchsen mit Lebensmittelkonserven, wie Tomaten, Krebsbutter, Fleisch und Fisch, zurückzugreifen, die man jetzt, vollkommen verdorben und für den menschlichen Genuß unbrauchbar geworden, fand. Die Liste der gefundenen Dinge könnte noch beliebig fortgesetzt werden, ob es sich nun um die 1200 Flaschen Wein aus dem In- und Ausland der Jahrgänge 1913 bis 1942, 800 Zigarren, große Mengen Speiseöl in Flaschen und Blechkanistern, 27 Pakete Rasierklingen, Tee, Fotoapparate, Uhren, Pelzmäntel, Schmuck oder Wäsche handelt.

Solche Waren, wie Kaffee, Kakao und Seife, stammen aus dem Marshallplan der USA-Imperialisten, für die sie auf Grund des Generalkriegsvertrages jetzt das Blut der westdeutschen Jugend fordern. Davon hat die Fischer mit ihren „Kränzchen"-Freundinnen offensichtlich nicht gesprochen, wenn

sie mit ihnen vom „goldenen Westen" geschwärmt hat.

Jeder kann sich heute und in der nächsten Tagen von den gehorteter Waren in den Schaufenstern des HO-Kaufhauses auf der Sorge überzeugen. Wenn ein Gast im „Schwarzen Bär" ein angewärmtes Bier bestellte, mußte es in der Küche in einem Henkeltop angewärmt werden. Das Personal machte die Fischer auf diese rückständige Methode aufmerksam, doch alles blieb beim alten. Nun fand man eine ganze Reihe Tauchsieder in ihrer Wohnung. Es wird sich auch niemand mehr wundern, daß die bei ihr wohnenden Untermieter das Bad nicht benutzen durften.

Jetzt ist dieser Herrscherin und Großschieberin ein Ende bereitet worden. Sie wird sich vor den Schranken des Gerichts für ihr verwerfliches Tun zu verantworten haben. Unsere Werktätigen dulden keine Spekulanten und Ausbeuter. Die ehemalige Hotelbesitzerin Fischer hat gegen die Gesetze unseres Staates verstoßen und unsere Deutsche Demokratische Republik geschädigt. Dafür wird sie die gerechte Strafe erhalten.

Die Entwicklung des Hotels "Schwarzer Bär" Gera
nach der Enteignung der Familie Fischer
im Jahr 1953, wird an Hand von wenigen mir
zugeschickten Zeitungsausschnitten und Fotos
dokumentiert. Die Übernahme in die HO geschah
ohne rechtskräftige Verurteilung von Martha Fischer.
Oben: Zeitung vom März 1953 unbekannt.
Rechte Seite: "Volkswacht" März 1953.

Aus der HO Zeit:
ein Kofferaufkleber.

„Schwarzer Bär" wird HO-Hotel

Im „Schwarzen Bär" tut sich etwas, seitdem die ehemalige Besitzerin Fischer als eine Großschieberin übelster Art entlarvt wurde. 25 Handwerker sind mit Renovierungsarbeiten beschäftigt. Die vorgefundenen Verhältnisse gleichen einer Katastrophe und lassen sich mit Worten kaum schildern. Wo man hinkam, vom Bierkeller angefangen bis zu den Gastzimmern, sah man nur verkommene, ungepflegte und oft dem Zerfall preisgegebene Einrichtungsgegenstände.

Die Küche beispielsweise widersprach allen bestehenden Hygiene-Vorschriften. An dieser Stelle muß man die Kollegen der Gesundheitsbehörde fragen, wie es überhaupt erst soweit kommen konnte. Ihre Pflicht wäre es doch gewesen, die Ueberprüfung der Gaststätten regelmäßig vorzunehmen. Dadurch hätten die Mißstände früher schon aufgedeckt werden können.

Nach Beendigung der Renovierungsarbeiten wird, dem Wunsche der Bevölkerung Geras Rechnung tragend, eine HO-Gaststätte eingerichtet. Die ersten drei Gastzimmer wurden bereits am Sonnabend eröffnet.

Wohin morgen in Gera?

Theater: 20.00 Uhr „Der Dämpfer".
Palast: 16.00, 18.15, 20.15 Uhr „Die Unbesiegbaren".
Metropol: 10.00, 11.30, 13.30, 15.45, 18.00, 20.00 Uhr „Lachendes Land".
Südende: 18.00, 20.15 Uhr „Junge Matrosen".
Filmbühne: 18.00, 20.15 Uhr „Die Sonnenbrucks".

Herausgeber: Bezirksleitung Gera der Sozialistischen Einheitspartei Deutschlands. Verantwortlicher Redakteur: Siegfried Müller, Hauptredaktion „Volkswacht", Gera, De-Smit-Straße 18, Fernruf 3159. — Verantwortlich für den Kreisteil: Werner Heidrich I; für Anzeigen: Rud. Burkhardt,

„Schwarzer Bär" wird HO-Hotel

Im „Schwarzen Bär" tut sich etwas, seitdem die ehemalige Besitzerin Fischer als eine Großschieberin übelster Art entlarvt wurde. 25 Handwerker sind mit Renovierungsarbeiten beschäftigt. Die vorgefundenen Verhältnisse gleichen einer Katastrophe und lassen sich mit Worten kaum schildern. Wo man hinkam, vom Bierkeller angefangen bis zu den Gastzimmern, sah man nur verkommene, ungepflegte und oft dem Zerfall preisgegebene Einrichtungsgegenstände.

Die Küche beispielsweise widersprach allen bestehenden Hygiene-Vorschriften. An dieser Stelle muß man die Kollegen der Gesundheitsbehörde fragen, wie es überhaupt erst soweit kommen konnte. Ihre Pflicht wäre es doch gewesen, die Ueberprüfung der Gaststätten regelmäßig vorzunehmen. Dadurch hätten die Mißstände früher schon aufgedeckt werden können.

Nach Beendigung der Renovierungsarbeiten wird, dem Wunsche der Bevölkerung Geras Rechnung tragend, eine HO-Gaststätte eingerichtet. Die ersten drei Gastzimmer wurden bereits am Sonnabend eröffnet.

Oben: "Volkswacht" 9. April 1953
Rechts: "Volkswacht" 18. April 1953

HO-Hotel am 16. April eröffnet

Am 16. April, dem 67. Geburtstag Ernst Thälmanns, wurde das HO-Hotel „Schwarzer Bär" mit vollem Geschäftsbetrieb eröffnet. In einer kurzen Feier wurde an die versammelten Belegschaftsmitglieder der Appell gerichtet, im Geiste des Vorbildes der Arbeiterklasse, Ernst Thälmann, alle gemeinsam an einem Strang ziehend, ihre Arbeit zu verrichten. Dadurch wird der Erfolg nicht ausbleiben, daß sich die werktätigen Menschen in unseren volkseigenen Gaststätten wohlfühlen und neue Kraft für die Lösung ihrer großen Aufgaben bei der Schaffung der Grundlagen des Sozialismus schöpfen können. V.

Der „Bär" wurde HO-Hotel

Altrenommierte Geraer Gaststätte vor neuen Aufgaben

Gera (kmt). Das Hotel „Schwarzer Bär" ist eine der ältesten Gaststätten Geras. Seit mittelalterlichen Zeiten steht der Gasthof, weit und breit bekannt, auf der gleichen Stelle, ehemals vor dem Schloßtor der Stadtbefestigung gelegen, heute in der belebten Straße des 7. Oktober mitten im Zentrum. Bei zwei großen Stadtbränden, dem von 1639 im Dreißigjährigen Krieg und dem von 1780, sank das Haus mit in Schutt und Asche, um jedesmal größer und schöner wieder zu erstehen. Und wie der alte Gasthof im Laufe der Jahrhunderte seinen Standort nicht wechselte, so trug er auch stets den gleichen Namen, bis auf eine kurze Zeit, als einer der Besitzer die poetische Bezeichnung „Zu den drei Rosen" für sinniger hielt.

Mit den Ostertagen 1953 hat der „Schwarze Bär" ein neues Kapitel seiner Geschichte begonnen. Die Gaststätte ist HO-Hotel geworden. Die rechtzeitige, wenn auch noch provisorische Eröffnung war allerdings nicht einfach, denn in diesem Falle mußten besonders große Schwierigkeiten überwunden werden. Es zeigte sich, daß sowohl das Haus wie das Inventar und die technischen Einrichtungen in einen Zustand argen Verfalls geraten waren, so daß zunächst einmal etwa 40 Handwerker ans Werk gehen mußten, um alles wieder in Ordnung zu bringen und modernen Ansprüchen anzupassen. Noch auf Wochen hinaus werden sie viel Arbeit dort haben, denn die Generalüberholung des Ganzen kann, obwohl mit möglichster Beschleunigung, so doch bei der Größe des Objektes nur allmählich vor sich gehen.

Trotz allem gelang es, den Gasträumen im Erdgeschoß — dem Kaffee, dem Frühstückszimmer, dem Restaurant, dem Speisesaal, dem Weinzimmer, zu denen alsbald noch das Jagdzimmer kommen wird — ein neues, sauberes und großzügiges Aussehen zu geben und sie bereits am Ostersonnabend zu öffnen, um die dringend notwendige Entlastung für die anderen Geraer HO-Gaststätten sofort ausnutzen zu können. Der Besuch bestätigte die Richtigkeit dieser Maßnahme.

Der Hotelbetrieb mit seinen 80 Zimmern erlitt dagegen überhaupt keine Unterbrechung. Die Küche aber läuft zunächst nur „auf halben Touren", da hier besonders viel zu tun ist, um sie technisch und hygienisch einwandfrei leistungsfähig zu machen. Die Speisekarte weist jedoch bereits eine große Auswahl an Gerichten der „kalten Küche" auf. An Getränken gibt es natürlich sowohl die erfrischend kühlen wie auch schon die anregend heißen. Und es gibt natürlich Bockwürste!

Wie uns der Direktor Funke von der HO weiter berichtete, müssen ferner u. a. die Schornsteine neu gebaut, die Heizungsanlagen repariert, Dachrinnen und Fenster instandgesetzt werden; auch sollen die bombenzerstörten Garagen in der Bärengasse baldigst wieder aufgebaut werden. Die offizielle Eröffnung und die Aufnahme des vollen Betriebes soll noch in diesem Monat stattfinden. Der HO fällt mit dieser Hotelübernahme eine große Aufgabe zu, da das Geraer Hotelwesen, infolge erheblicher Raumverluste durch Kriegseinwirkung, den Anforderungen der Bezirks- und Tagungsstadt Gera gegenwärtig in keiner Weise gewachsen ist und dringend der Verbesserung bedarf.

"Thüringer Landeszeitung"
22. April 1953

Eröffnungsfeier in der HOG „Schwarzer Bär"

Gera (tlz). Wir meldeten bereits, daß das größte Hotel von Gera, der „Schwarze Bär", HO-Gaststätte geworden ist. Unter mancherlei Schwierigkeiten wurden Anlagen und Räumlichkeiten renoviert und zu Ostern vorläufig wieder eröffnet. Unterdessen sind nun Küchen- und Hotelbetrieb auf volle Leistungsfähigkeit gebracht worden, und mit einer Feierstunde wurde das jüngste HO-Hotel Thüringens offizi ll seiner Bestimmung übergeben. Vertreter der Parteien, der Organisationen, der Verwaltung und der anderen Geraer HO-Gaststätten waren eingeladen. Der Direktor des Kreisbetriebes HO-Gaststätten Gera II, Funke, berichtete zunächst über die 500jährige Geschichte des Hauses, des vielleicht ältesten Gasthofes der Stadt, dessen Name sich bis zum Neuaufbau Geras nach der Zerstörung im Sächsischen Bruderkrieg zurückverfolgen läßt. Er schilderte weiterhin den herabgewirtschafteten Zustand des Hotels vor der Uebernahme und die sofort mit einem Aufwand großer finanzieller Mittel ins Werk gesetzte Erneuerung. Noch bleibt vieles zu tun, aber die Belegschaft hat, wie Direktor Funke mitteilen konnte, die Verpflichtung übernommen, das ganze Hotel bis zum nächsten Geburtstag Ernst Thälmanns im April 1954 so auszugestalten, wie es seinem Ruf und seiner Bedeutung entspricht.

Sösemann, der Restaurationsleiter, und Bruno Reuß, der Küchenleiter, sind als tüchtige Gastronomen in Gera bekannt. Sie und ihre Mitarbeiter bieten Gewähr dafür, daß es den Gästen im HO-Hotel „Schwarzer Bär" an nichts fehlen wird.

"Thüringer Landeszeitung"
25. April 1953

Westberliner Konten nicht angemeldet

Gera (gg). Die ehemalige Hotelbesitzerin Martha F., war angeklagt, erhebliche Mengen an Lebens- und Genußmitteln, darunter 1200 Flaschen Wein aus den Jahren 1913 bis 1942, an Glühbirnen und Leuchtröhren sowie an Silberbestecken und Bettwäsche teils in ihrer Privatwohnur; teils im Hotel untergebracht und gehortet zu haben. Es wurden ihr ferner bei der Deutschen Notenbank nicht angemeldete Konten in Westberlin und die Ausführung von Geldmitteln aus der DDR zu ihren Angehörigen nach Westdeutschland nachgewiesen. Gemäß § 1 der Wirtschaftsstrafverordnung und wegen Vergehens gegen das Gesetz zur Regelung des innerdeutschen Zahlungsverkehrs lautete das Urteil auf insgesamt 2 Jahre Zuchthaus. Vermögen und Hotel wurden zugunsten der DDR eingezogen.

"Thüringer Landeszeitung"
25. Juni 1953

Die Leuchtreklame mit Pschorrbräu ist abmontiert, ebenso die beiden Leuchtbänder mit "Hotel Bär". An der Ecke Schloßstraße/ Neustadt ist das Geschäft von Bäcker "Jäger" zu erkennen. Der schwarze Bär läuft im neuen Briefkopf jetzt von rechts nach links.

HO-GASTSTÄTTEN GERA

HOTEL »SCHWARZER BÄR«

Betriebsstättenleiter: W. Gläser   Preisstufe III   Küchenleiter: W. Hunger

In den Jahren von
1953 bis 1976
hat sich auch in
den Räumen eini-
ges verändert.
Hier ein Beispiel:
das Café.

Eine ganze Menge Leserbriefe haben wir wieder bekommen, die sich mit der Sichtwerbung befassen. Es ist z. B. nicht nur unseren Lesern E t t e l und Erich L e h - m a n n aufgefallen, daß das Hotel „Schwarzer Bär" in Gera weder in der S i c h t - w e r b u n g noch sonst irgendwie zum Ausdruck bringt, daß es sich mit den großen Geschehnissen, die die Lebensfragen unseres Volkes betreffen, verbunden fühlt. Die Teilnehmer an den zahlreichen politischen, wirtschaftlichen oder kulturellen Tagungen, die in Gera stattfinden, Ausländer, westdeutsche Gäste, Sportler — alles steigt in diesem Hotel ab; aber die Geschäftsleitung hat sich noch keine Gedanken darüber gemacht, daß die repräsentative Rolle, die das Hotel in Gera spielt, auch nach außen hin zum Ausdruck kommen muß. Zur Höflichkeit den Gästen gegenüber genügt heute nicht mehr das tadellose Servieren eines Bratens oder eine bequeme Uebernachtung, sondern dazu gehört auch der sichtbare Ausdruck der Verbundenheit mit den Gedanken und Aufgaben der Gäste. Auf die ungarischen Gäste und auf die Spitzenturner der DDR hat es beispielsweise keinen guten Eindruck gemacht, daß in dem Hotel, das sie mehrere Tage beherbergte, in keiner Weise durch Schmuck, Fahnen oder Losungen, die durchaus in geschmackvoller Weise und den Räumlichkeiten angepaßt hätten angebracht werden können, auf den Zweck ihres Hierseins, auf die Völkerfreundschaft und den gemeinsamen Kampf um den Frieden Bezug genommen wurde.

Wir zweifeln nicht, daß sich die Geschäftsleitung des Hotels „Schwarzer Bär" die Sache einmal durch den Kopf gehen lassen wird. Die Geraer Bevölkerung wird sich in den nächsten Tagen durch den Augenschein davon überzeugen können, ob die Kritik auf fruchtbaren Boden gefallen ist.

„Schwarzer Bär" wird Bauarbeiterhotel

Täglich verändert sich unsere Bezirksstadt, wird schöner und attraktiver. Großen Anteil daran haben die Bauarbeiter aus allen Kreisen, die eifrig mithelfen, Gera zu einer echten Bezirksmetropole werden zu lassen. Ein besonderes Gewicht kommt deshalb auch der ordnungsgemäßen und kontinuierlichen Versorgung der Bauarbeiter zu. Darüber beriet der Rat der Stadt Gera in seiner jüngsten Sitzung. So wird bis vorerst I. Quartal 1976 der „Schwarze Bär" als Bauarbeiterhotel genutzt, in dem auch täglich 400 Mahlzeiten verabreicht werden. In Gera gilt es, für die rund 1750 Arbeitskräfte im Bauwesen täglich 1050 Essen zu schaffen, dazu Tagesunterkünfte und Arbeiterwohnunterkünfte. Nicht zu vergessen sei dabei die kulturelle und sportliche Betreuung; ein gutes Beispiel gibt dafür bereits das Groß-Arbeiterwohnheim in der Eiselstraße, wo Veranstaltungen für die Bauarbeiter stattfinden. Von Bedeutung ist auch ein reibungsloser Arbeiterberufsverkehr. Gegenwärtig ist man dabei, eine KOM-Linie für Gera-Lusan mit Anschluß an die Straßenbahn Zoitzbergstraße zu errichten.

Links: Zeitung unbekannt.
Oben: ”Thüringer Neueste Nachrichten” 1. Oktober 1975.

Skribifax schrieb Baldrian, daß jetzt das Hotel „Schwarzer Bär" geschlossen sei. Der „Schwarze Bär" entstand um die Jahrhundertwende.

Der Vater des Asienforschers Walther Stötzner ließ den alten „Bären", man kann ihn auf Bildern als kleinen, etwas langgestreckten Bau erkennen, abreißen, und das heutige Hotel errichten. Hotelier Stötzner besaß auch eines der ersten Telefone in Gera. Sein erstes Gespräch galt dem Cubamüller. Bekanntlich lag die Cubamühle im heutigen Untermhaus. Stötzner rief also den Müller an und sagte ihm, er lasse jetzt ein Schock Krebse in den Mühlgraben. Der Müller solle genau aufpassen und sie herausfischen. Es wäre ein Geschenk vom „Schwarzen Bären". Eines der ersten Gerschen Telefongespräche war also ein Scherz. Heute ist man beim Telefonieren manchmal nicht mehr zum Scherzen aufgelegt. Aber darüber gelegentlich an anderer Stelle.

Stötzners Vater war überhaupt ein Unikum. Er kaufte einmal einem Bärenführer einen Bären ab. Das Tier mästete er noch und ließ es dann schlachten. Zum Bärenschlachtfest im „Schwarzen Bären" kam ganz

"Thüringer Neueste Nachrichten"
13. März 1976

Gera. Bärentatzen, so berichtete Asienforscher Walther Stötzner, sind eine Delikatesse, aber er selbst war kein Freund davon. Von seinem Vater hatte er das Anfertigen von Salaten und delikaten Fleischgerichten gelernt. Als Skribifax bei ihm im Ölsengrund zu Gast war, konnte er sich von den Kochkünsten des Asienforschers selbst überzeugen.

Der „Schwarze Bär" sah viele berühmte Gäste, darunter die Komponisten Richard Strauss und Paul Lincke, Professor Otto Dix, Helene Weigel und den berühmten Cellisten Paul Grümmer. Vielleicht kann mancher Leser die Liste der Berühmten noch ergänzen. Skribifax muß in diesem Zusammenhang an das Geschenk von Professor Paul Grümmer denken, der Gera eine Hoffmann-Gambe übergab. Hoffmann war Freund von Johann Sebastian Bach und ein berühmter Instrumentenmacher in Europa. Seine Instrumente wurden vor allem nach Frankreich und England ausgeführt. Bei uns gibt es — außer in Leipzig, wo Hoffmann wohnte — keine Hoffmann-Instrumente mehr. Gera besitzt also eine kostbare Gambe. Warum, so stellt man sich die Frage, wird dieses Instrument nicht bei einem Konzert gespielt, so zum Beispiel bei einem Galerie-Konzert in der Orangerie? Jedenfalls hat Professor Paul Grümmer die Gambe mit dem Wunsch übergeben, sie auch bei Konzerten einzusetzen. Sie ist also kein Museumsstück.

ca 1973 ein letzter
Blick auf den alten
"Bären". Im Umfeld
ist noch die Bebau-
ung der "Neustadt"
zu erkennen.
1976, das Gebäude
ist leer, die Neustadt
schon seit einiger
Zeit abgerissen.

Der "Bär", kurz vor der Sprengung 1976, in seinem Umfeld, der Schloßstraße. Ein Blick in die Johannisgasse und die Vorderfront mit den Geschäften. Die repräsentative Eingangstür ist nach über 500 jähriger wechselvoller Geschichte des Hauses "Schwarzer Bär" für immer geschlossen. Vom 26-28. Mai 1976 wird das Gebäude gesprengt. Rechte Seite: "Thüringer Landeszeitung" 9. Juni 1976.

Dokumente zu unserer Stadtgeschichte

Die letzten Sekunden des „Schwarzen Bären"

Viele Schaulustige hatten sich zur Sprengung des Hotels „Schwarzer Bär" eingefunden. Doch nur aus sicherer Entfernung konnten sie dem bedeutenden Ereignis zusehen. Die einzelnen Phasen der Sprengung hat unser Fotograf vom Hochhaus aus festgehalten. Was das menschliche Auge gar nicht alles erfassen kann, wird von der Kamera in einem Bruchteil von Sekunden aufgenommen. So sieht man einmal die Mauern bersten, und zum anderen die Staubwolke, die am Schluß entsteht.

Foto: Hoffmann

TLZ - 9.6.1976

CHRONIK

Es dürfte nicht allgemein bekannt sein, daß alte Gaststätten oft eine lange und keineswegs uninteressante Geschichte haben! Oft haben Namen und Aushängeschilder im Laufe der Jahrhunderte gewechselt; neue, moderne Bauten sind an Stelle der ursprünglichen Gebäude getreten. Auch ist die Bedeutung und die Stellung der alten Gaststätten, die sie im Verkehrsleben vergangener Zeiten einnahmen, oft eine ganz andere geworden. Gleichwohl sind viele der alten Gasthöfe in unseren Marktflecken und Städten neben jenen uralten Straßenschenken Zeugen gewesen einer längst vergangener Zeit.

Geras älteste Gaststätte ist nämlich nicht unser Ratskeller - dessen Geschichte läßt sich urkundlich nur bis zum Jahre 1487 zurückverfolgen - sondern der Gasthof zum Bären in der Schloßstraße, der ehemaligen Schloßtorvorstadt Geras.

Am 19. Oktober vermag der Inhaber unseres "Bären", Kurt Fischer, auf ein 50 jähriges Bestehen seiner Firma zurückzublicken. Die Feier dieses Tages rechtfertigt es, daß wir die Geschichte der alten Gaststätte zum Bären, die ich 1926 bis '27 bearbeitete, hier im Abriß den Lesern kurz unterbreiten.

Im Jahre 1454, bereits vier Jahre nach der furchtbaren Verwüstung Geras im Sächsischen Bruderkriege erscheint der in der Vorstadt vor dem alten

Schloßtore gelegene Gasthof in den Amtslehnbüchern. Was hat er seit diesen Tagen nicht alles geschaut! An der alten Post- und Handelsstraße gelegen, die den Süden mit dem Norden Deutschlands verband, hat er all die kriegerischen Durchmärsche in der alten Landsknechtszeit, auch die moderner Armeen erlebt. Er könnte erzählen von der Kursächsischen und Thurn- und Taxischen Postperiode, die der Gaststätte hunderte von Durchreisenden zuführte, könnte berichten von den "Staatsaktionen" der landständischen reußischen Ritterschaft, die hier wiederholt sich versammelte und nicht immer freundlich gesonnen war auf dem Landesherrn oben auf dem Elsterschlosse. 1598 weilten die Abgesandten von Kurbrandenburg und Ansbach-Bayreuth mit dem Gefolge zum Teil in seinen Mauern, als man im "Geraer Hausvertrage" wichtige Beschlüsse über die Unteilbarkeit der Kurlande und die Nachfolge in der Regierung der hohenzollernschen Lande in Franken faßte. Wenn man doch alles aufgeschrieben hätte, was sich einst im Bären abgespielt hat; wenn man doch schauen könnte, wie sich hier der Verkehr der "Großen", aber auch der "Kleinen" in längst entschwundene Tagen hier abgewickelt hat!

Hans Rosen, der Wirt im Vorstadtgasthof vorm Schloßtore, trägt 1454 Streitigkeiten mit der Stadt, Brauens und Schenkens halber aus; und diese alte Urkunde ist hineingearbeitet in einen Kaufbrief aus dem Jahre 1620. Im Geraer Amts- und Handelsbuch Nr.6 - es umfaßt die Jahre 1614 bis 1625 - findet sich auf Blatt 534 und f. Bl. ein Kaufbrief mit der Aufschrift: "Herrn Doctor Heinrich Gebhardts, Reußischen Raths und Canzlers alhieruber H. Bürgermeister Joh. Hörels Gasthoff vorm Schloßthore." Dieser Kaufbrief hat in seinen Hauptteilen folgenden Wortlaut:

"Im Nahmen der Heiligen Hochgelobten Dreyfaltigkeit sey hiermit kund und zu wissen jedermenniglichen, die dieses briefs ansichtigen, das sich heute, den 1. Juni diese instehenden 1620 Jhares, der Ehrenbheste Achtbare und Hochgelarte Herr Heinrich Gebhardt uf Selmnitz beeder rechten Doctor undt Reußischer Plauischer Kanzler, als Reusser an einem Theile und der ehrengeachtete und Wohlweise Johann Hörel, der Eltere Bürgermeister alhier zu Geraue, nachfolgenden Kauf Contractes mit einander vereiniget und vorglichen: Nemtlich es verkaufft ermelter Herr Bürgermeister wohlgedachten Herrn Kanzler seinen Gasthoff, vorm Schloßthore gelegen, mit samt deme zugehörigen garten, auch dazu sonderbahrlich erkaufften hoffstedten und gartenflecken, auch allen und jedendarauf befindlichen gebenden, als wohnhaus, scheunen, Ställen, gartenheußlein, besonders aber mit deroselben braugerechtigkeit, als nemblich vier gebreu bier, Röhrwasser und allen Freyheiten und Gerechtigkeiten, aich itziger darauf befindlichen gras- und Gartenfrüchten und allem, was in ermelten gebeuden erd-nied und nagelfest, welche stuck zum theil dem Ambt Gera, zum Theil aber einem Erbaren Rath allhier zinsen und zu Lehengehen, als nemblichen: dem Ambt Gerau zinset Walburgis der Gasthoff 8 Groschen 6 Pfennige am gelde, item (auch) ein fas bier am Hoff, 14fl. 9 Gr., item die Hoffstatt, darauff der Stall stehet, 5 Groschen 4 pfennig. Michaelis zinset der Gasthoff 13 Groschen 4 pfennige am gelde, item 1 gulden 9 groschen vor ein fas bier vom Hoffe, item der Stall 5 groschen, item der Garten hinterm Hoffe 4 pfennige. Dem Rath zu Gerau schosset der Gasthoff 1 Gülden 5 groschen, item Hans Mandels gewesen gartenstück 8 groschen, jedes mahl Walburgis und giebet hierüber dem ambte alle funff Jhar 11 gülden Bethegeld (praecaria - ursprüngl. freiw. Steuern an den Landesherrn), darzu aber gleichwohl die negst angesessene Nachbarn volgendes zu contribuiren schuldig, als nemblich Thomas Auerfeld und Anna Hesselbatis withib von ihren daran stoßenden heuslein. jedes 4 Groschen halb Walburgis und halb Michaelis. Diese obberürte stück nun

sambt und sonders mit allen dessen zu- und eingehövungen u. gerechtigkeiten, auch itzt berürten Abrichtungen (Steuern!) keuffet ermelter Herr Kanzler seinen vier Töchtern Blaudinen, Reginen, Annen Elisabethen und Dorotheen Magdalenen sämbtlichen und deren insonderheit, welcher auch solche verkauffte stück in künfftiger theilung zugeschlagen werden möchte, umb und vor Zwölfhundert gülden etc...... Hingegen soll und willverkeuffer und seine Erben ermelden Herrn Kanzlers geliebten Töchtern berürten Gasthof samt vorbemelter braugerechtigkeit, rohrwasser und allem darzu sonderbahrlich erkaufften stücken gegen männiglichs Anspruch auch aller anderer beschwerung, außer dero obspecificirten frey und ledig gewehren" etc..... In bar werden Bürgermeister Hörel innerhalb eines Jahres 900 fl gezahlt; die Restsumme von 300 fl ist 1621 am Trinitatistage zu entrichten."

Einzelheiten des Vertrages - sie sind weitläufig im Stile der Zeit aufgeführt - interessieren heute weniger. Als Zeugen sind genannt: Milchior Fietzsch, Reuß-Plauenscher Kammerschreiber und Ambtsverwalter; Magister Christoph Reißle, juris practicus (also Rechtsanwalt) in Gera. Für den Verkäufer sind an Amtsstelle erschienen die Söhne des Bürgermeisters Hörel: Johann Hörel der Jüngere, Mitglied des Rates und Bürger in Gera; Simon Hörel, Bürger und Handelsmann und Bartholomäus Hörel, Reuß. Plauenscher Rat und Sekretär des Konsistoriums.

Dem Kauf ist nun die beglaubigte Abschrift einer alten Urkunde beigefügt, deren Original heute als verloren gelten muß. Die Urkunde trägt die Aufschrif "Privilegium". Ergänzend steht im Handelsbuch vermerkt "Übe disen Gasthoff das Original hat Herr Canzler". Das alte Pergament ist datiert: "Nach Christi Unsers Herrn Geburth, Vierzehnhundert, darnach am Vierundtfünfzigsten Jahre, am montage nach vocem Jucunditatis", das ist der 5. Sonntag nach Ostern, der 1454 auf den 27. Mai fiel. Das für die Geschichte des heutigen Hotel zum Schwarzen Bären wichitge Schriftstück hat folgenden Wortlaut:

"Wir Heinrich Herr von Geraue bekennen offenbahr an: diesem briefe vor jedermenniglichen, die ihn sehen, hören oder lesen, das wir zwischen Rath und Gemeiner, unser stadt Geraue an einem, und Hansen Rosen, dem andern theil, von schenkens und braurens wegen, darumb das bishero zweyträchtig gewest, mechtiglichen bey Uns blieben, geschieden, und ausgesprochen haben. Scheiden und sprechen, inmassen hernach geschrieben stehet: Es soll der obengenannte Rose seinen Erben und wer seinen Krezschmar (flaw. Schenke), in der Vorstadt Gerau gelegen hat, dieweil er bürgerrecht in der stadt Geraue hat, und zwölf mark (= 6 Pfund Silber) verschoßt, uf den Kretzschmar hienführo brawen, als ein bürger in der stadt Gera am meisten brawet, darzu sie ihm auch die brawpfanne als einen andern ihren bürgern leihen und verstatten sollen. Will ermelter in seinem Hause Bier schenken, das soll er nirgend anders (als) in der stadt Geraue kauffen, darüber soll er weder Wein noch Bier, noch einigerley frembte getrenke schenken, ausgeschlossen meth (wohl Süßbier), den mag er schenken, daran und an seiner gasthaltung ihn die bürger nicht hindern sollen. Solchen anspruchs, und das wir auch von beydentheilen, also verhalten haben wollen, geben wir diesen unseren Spruchbrief, der gegeben ist nach Christi Unsers Herrn Geburth vierzehnhundert, darnach am Vier und fünfzigsten Jahre, am montage nach vocem Jucunditatis mit unserm anhangenen Siegell".

Der reußische Kanzler Dr. Gebhardt, mit dem Zunamen Besener, stammte - es sei das kurz mitgeteilt - aus Erfurt und wurde 1609 von Heinrich Posthumus (1572-1635) in die reußische Regierung mit dem Titel eines Rates berufen. Seit dem 31.3.1611 war er reußischer Kanzler, besaß das Rittergut Söllmnitz und blieb von 1611 bis 1640 im hiesigen Dienste. In seine Amtsperiode fallen die schweren Streitigkeiten der Geraer Bürger gegen die flandrischen Emigranten Nikolaus de Smit, David Lorentz u.a., also gegen die Leute, denen Gera heute seinen Weltruf als Industriestadt verdankt. 1640 trat Gebhardt in fürstlich altenburgsche Dienste. Am 29. April 1653 verschied er auf seinem Besuche in Gera und wurde am 9. Mai in einer Gruft unterm Altar der alten Johanniskirche begraben. Bei Anlage der neuen gräflichen Gruft im Jahre 1741 fanden sich seine Gebeine. Sie wurden bei Anlage dieser 1780 völlig ausgebrannten Gruft versenkt.

Johann Hörel, bis 1620 Bärenwirt, gehörte im 16. Jahrhundert zu den reichsten Bürgern Geras. Unter dem Namen "Zuckermacher Hans", er war Conditor, kommt er im ältesten Geburtsregister unserer Stadt (1580-1589) allein 42mal unter den Paten vor. Seine Frau " Uxor Hans Zuckermachers" steht im Register - erscheint 44mal, die Tochter Anna 10mal unter den Gevattern. Er erbaute 1606-1607 das schöne Eckhaus am Markt, in dem sich seit 1847 unsere Stadtapotheke befindet. Gestorben ist er am 14. Juni 1633. Zahlreich sind die Käufe, die Hörel tätigte. 1614 besitzt er u.a. eins der 1677 eingegangenen Vollersdorfer Güter im heutigen Stadtwald.

Die Jahre 1622 - 23 sind berüchtigte Inflationsjahre, sie sind genugsam als "Kipper- und Wipperzeit", als Zeit wertloser Münzen, bekannt geworden. Kanzler Gebhardt veräußert 1624 am Donnerstag nach Michaelis den Gasthof an den Reuß-Plauischen, der Zeit bestallten Einpfenniger" Tobias Reichart, einen Geleitseinnehmer, der es offenbar "zu etwas gebracht hatte", spaltet aber den hinteren Garten (gegend Rudolf-Ferber Straße) und ein teil Röhrwasser ab. Als Kaufsumme sind nur 380 fl angegeben - das Kaufgeld von 1200 fl des reußischen Kanzlers war offenbar Inflationsgeld, das damals in Grund und Boden angelegt werden sollte, um es vor Entwertung zu sichern.

Auch die Besitzer vor 1624 sind uns bekannt. Ich vermochte sie aus den ältesteten Amtslehnbüchern, die 1534 beginnen, zu ermitteln. 1537 ist Hans Thalreuter, eine zweite Hand hat daneben geschrieben "Hans Schilkraut". als Verkäufer des Gasthofes an Hans Lincke genannt. Der Kauf ist vor dem Amtmann Andreas von Zedwitz geschlossen und dem Buche einverleibt worden. Im Stadtrecht erscheint die Witwe Rätze als Bärenwirtin. Sie dürfte auf Hans Rose, der 1454 im Privileg für den Bären genannt wird, gefolgt sein. Ueber die Genannten sind allerhand Einträge in den Akten vorhanden! - Da Tobias Reichart am 11. November 1624 60 fl und 10 Gr. Lehngeld an den Amtschreiber Melchior Fintzsch entrichtet, dieses Lehngeld aber ein Zehntel des Wertes darstellt, so dürfte der neue Besitz mit über 600 fl Meißnisch zu Buche gestanden haben. Reichart erlebt die schwere Zeit des 30 jährigen Krieges, die schweren Pestjahre und den Stadtbrand vom Jahre 1639, der den Bären mit einäscherte. Am Bartholomäi Jahrmarkt 1643 wurde ihm der Sohn "von einem gewesenen Soldaten, der sich wegen der Zahlung über den Wirth beschwert, mit einem Brotmesser durch zwei Stiche in die linke Brust entleibt". (Felbrig) Der Mörder wurde, man machte damals kurzen Prozeß am 8. September auf dem Geraer Rabenstein bei der Tonhalle mit dem Schwerte gerichtet.

Am 22. März 1640 erwirbt Tobias Reichart die Brandstätte des ehemals von Biesenrothschen Hauses in der Bärengasse für 70 fl. Die v.Biesenroth auf Rubitz bedingen sich dabei aus, daß sie jederzeit "bei dem jetzigen unsicheren Kriegswesen" dafür " freies Losament und Herberge im Bären" haben könnten. Die Brandstatt ging später für 50 fl an Reicharts Schwager Nikol Schreiber über. Das alte steuerfreie Freihaus (Burggut) auf dieser Brandstelle ist zwischen 1655 und 1660 wieder erbaut worden und damals im Besitz der Familie Dreßler aus Altenburg (heute Bärengasse 5) 1658 nach dem Stadtrecht der Gasthof auch das "Privileg des Weinschankes", das der Ratskeller 1487 ausschließlich besaß. Maria Reichart als Witwe übergibt am 22. August 1644 den Gasthof ihrem Sohne Johannes und vergleicht sich weitläufig wegen des Ausgedinges mit demselben. "Seines Weibes eingebrachtes Haus in der Kirchgassen" wird unter anderem der Mutter überlassen. Die Zeiten sind schwer! Oswald Leupold, der Rechten Licentiat und Reuß-Plauenscher Amtmann, erklärte am 3. März 1662 in einer Niederschrift im Handelsbuche, daß der "Gasthof mit aller Gerechtigkeit - nachdem er zu unterschiedenen Malen subhastirt und feilgeboten worden" - auf Grund des am 27. Juni 1661 abgegebenen Gebots an Johann Peter Koppe für den Kaufpreis von 1075 fl zugeschlagen worden sei. Da der Gasthof von Johann Reichart für 1600 fl etwa übernommen worden war, ergibt sich eine Wertminderung von rund 500 fl.

Von 1675 -79 ist der Schwager des genannten Koppe Besitzer des Bären. Er heißt Ernst Christ. Müller und zahlt 1300 fl für das Anwesen. Von 1679 - 1710 heißt der Bärenwirt Hans Hüffner. Er stammte aus Hundhaupten. Unter ihm brennt im Stadtbrande von 1686 der "Bär" erneut ab. Eine schwere Verschuldung erfolgt, und im Amtshandelsbuch von 1710 findet sich als neuer Besitzer Christian Friedrich Werther, jur. Prakt. in Leipzig eingetragen. Derselbe war Advokat am Oberappelationsgericht zu Leipzig. Er kommt bis zum Jahre 1724 als Besitzer vor. Werthers Frau Juliana Justina, war das 6. Kind Hüffners - im Vertrag sind 5 Kinder aus erster und 1 Kind aus zweiter Ehe angeführt. - 1724 sichert sich "die Konkurrenz in unmittelbarer Nachbarschaft" den Gasthof. Am 7. Juli 1724 erwirbt nämlich Maria Riemer, die Frau des Gastwirtes zum Grünen Lamm (früher Güldener Ring), am Brühl - das Haus. Dieser Gasthof, Reußischer Hof genannt, ist 1889 beim Bau der Rudolf Ferber Straße verschwunden. 4550 fl werden gezahlt, zudem muß die neue Besitzerin "Herrn Werthers Söhnlein vier Jahre lang in Kost ganz frey nehmen". Der Sohn besuchte das Geraer Gymnasium! Nur 6 Jahre blieben beide Gaststätten, die bereits das alte Geraer Stadtrecht v. J. 1487 als bestehend kennt, in einer Hand. Am 8. Oktober 1730 erwirbt Johann Karl Weber für 600 fl und 6 Speziestaler "Gönnegeld" den Gasthof. Die Familie Weber war 72 Jahre lang im Besitz des Bären. Zuletzt von 1776 bis 1802 bewirtschaftete der Sattlermeister Johann Karl Weber jun. die alte Gaststätte. Um

Zwei Ansichten des alten Gasthofes
"Zum schwarzen Bären", wie er von 1781
bis 1887 an der Schloßstraße stand.
Oben: Gemälde von L. Korck,
Öl auf Leinwand 53,7 x 79,1 cm, 1886
Gerarer Stadtmuseum.
Unten: Dieses Gemälde wird Theodor Fischer,
(nicht verwandt mit meiner Familie)
zugeschrieben. Fischer hat nach 1900
historisierende Stadtansichten gemalt.
Der Verbleib ist unbekannt.

1730 entstand hier unter Heinrich XVIII. ein völlig neuer Stadtteil - die heutige Neustadt. Im siebenjährigen Kriege (1756 bis 63) hatte der alte Gasthof schwere Kriegskontribution, gleich den übrigen Häusern der Stadt, zu entrichten. Monatelang lagen - so 1759 - 1760 - Preußen in Winterquartieren unter dem General von Schenkendorff in Gera. Die Jahre 1772-73 waren dann schwere Hungerjahre - mehrere Geraer starben vor Hunger auf den Straßen - Friesel und Faulfieber herrschten nach Berichten der zeitgenössischen Chroniken. In Gera starben, vor allem am Hungertyphus 776 Personen, gegen 250 bis 280 bei normaler Sterblichkeitsziffer. Für den Scheffel Korn zahlte man damals 13 bis 16 Thaler. Die Grundstücke fielen ganz ungeheuerlich an Werte. Dann kam der große Stadtbrand im Jahre 1780, der 785 Häuser innerhalb von drei Stunden in Schutt und Asche legte. Flugfeuer zündete am Montag, dem 18. September bereits 3.30 Uhr - der Brand war bekanntlich 2.30 Uhr in der Greizer Gasse aufgegangen - auch den Gasthof zum Bären an. Die gesamte Neustadt und alle Scheunen in der Schloßstraße, auch zum Bären gehörten zwei - wurden Raub der Flammen. Bereits 1781 wurde mit dem Aufbau des alten Gasthofes begonnen. Zwei Brandstätten links und rechts wurden in den schlichten Neubau einbezogen. Heinrich und Theodor Fischer haben Bilder vom alten Gasthofe bewahrt. Bis 1887/88 stand der Bau - ein modernes Hotel trat damals an seine Stelle. Der 1888 moderne, aber recht wenig schöne Verblendsteinbau ist heute mit moderner Fassadengestaltung und der vornehm wirkenden Lichtreklame nicht wiederzuerkennen. "Das Alte stürzt, es ändern sich die Zeiten!" und die Menschen mit ihnen! Wo sind die geblieben, die "in der guten, alten Zeit" unserer Altvorderen hier aus- und eingingen! Verdorben - gestorben! Für 5500 fl war der

Gasthof 1776 von den anwesenden Geschwistern dem Bürger und Siedler Johann Karl Weber übereignet worden. Er betrieb im Gasthof noch das Sattlerhandwerk. Der Brand führte zu seiner völligen Verarmung. 1802 war die alte Gaststätte für 7000 Thaler und 100 Thaler "Gönnegeld" oder 8000 fl in den Besitz des Joh. Erdmann Kolbe, des Besitzers der Beyersmühle bei Schleiz übergegangen. Das Inventar wurde zum größten Teil nicht mit veräußert. Nur 7 Zimmer werden mit denkbar einfacher Ausstattung als Gastzimmer aufgeführt. Auf Kolbe folgt bereits drei Jahre später, von 1805 bis 1811 der "Kastenvorsteher in Oelsnitz", Christian Gottfried Merz mit seinen Söhnen. Unter ihm diente der Gasthof sogar als Schule. 1805 war im Bären die vom Superintendenten Joh. Zacharias Hahn, dem reußischen Pestalozzi, gegründete Armenfreischule, eine Vorläuferin unserer Geraer Volksschulen, in einem Gastzimmer untergebracht worden. Der Candidat der Theologie Oertel hielt hier den Unterricht. Im Juli des genannten Jahres siedelte dann die Anstalt in den Marstall nach der Sorge über.

Bei der Übernahme durch Merz lasten gegen 6000 Thlr. Schulden auf dem Grundstück. 2720 Thlr. schuldete der Besitzer alleine dem Hospital St. Wolfgang in Gera. 80 Thlr. hatte der Besitzer auch bei der Kirche in Thieschitz. 590 Thlr. mußte der neue Käufer als Lehngeld an den Landesherren abführen. Der Wert des Gasthofes belief sich demnach auf rund 6000 Thlr. Von 1811 bis 1878 ist die Familie Schmidt, ihres Zeichens Lohgerber, im Beitz der Gaststätte. Im Westteil des heutigen Hotelgrundstückes befanden sich die Lohgruben des Besitzers. Von 1864 bis 1878 ist Johann Heinrich Schmidt der Vertreter der dritten Genration, Besitzer. Er erbte den vierten Teil des Gasthofes aus dem Nachlaß seines Vaters Joh. Heinr. Gottfried Schmidt. Die

Geschwister traten ihren Teil an den Bruder ab. Derselbe übernahm auch die auf dem Gasthof lastenden Darlehenschuld von 3000 Thlr. 67 Jahre hatte die Familie Schmidt den alten Gasthof in Bewirtschaftung gehabt. Durch Kauf vom 30. Dezember 1878 gelangte der Gastwirt Friedrich Louis Stötzner in den Besitz des Bären. Er zahlte nach dem Grundbuche 150 000 Mark für das Anwesen, und über ihn kursieren noch eine ganze Reihe niedlicher Anekdötchen. Nach seinem Tode wurde seine Frau Anna, geb. Dietz, Erbin. Beim Neubau in den 80er Jahren wurde die alte Fluchtlinie etwas geändert. 24 qm Areal wurden zum Straßenbau abgetreten. Die alten Scheunen des Nordflügels verschwanden endgültig und machten dem modernen Ziegelrohbau vom Jahre 1888 Platz. Die völlige Umgestaltung der Außenfront und bauliche Umänderungen im Innern erfolgten vor zwei Jahren. Am 2. Januar 1895 erwarb Hoftraiteur Georg Fischer, dessen Firma am 19. Oktober 50jähriges Jubiläum begehen kann - den alten Bau mit seiner fast 500jährigen Geschichte. Georg Fischer und sein Sohn Kurt Fischer, der jetzige Inhaber, haben die altehrwürdige Gaststätte zu einem Hause ersten Ranges umzugestalten gewußt. Was könnte der alte Gasthof nicht alles erzählen! Nur Einzelheiten vermochte ich hier anzudeuten! Pest, Brand und teure Zeit schaute er! Wieviele Geraer haben ihren Fuß über seine Schwelle gesetzt - eine wehmütige und doch im Grunde glückselige Stimmung ist über die Geschichte des alten Straßengasthofes zum Bären gebreitet.

Über seine Tür wünschen wir am Jubiläumstage der Familie Fischer die Worte Goethes gesetzt:
"Freudig trete hier ein, und froh entferne dich wieder! Ziehst du als Wanderer vorbei, segne die Pfade dir Gott!"

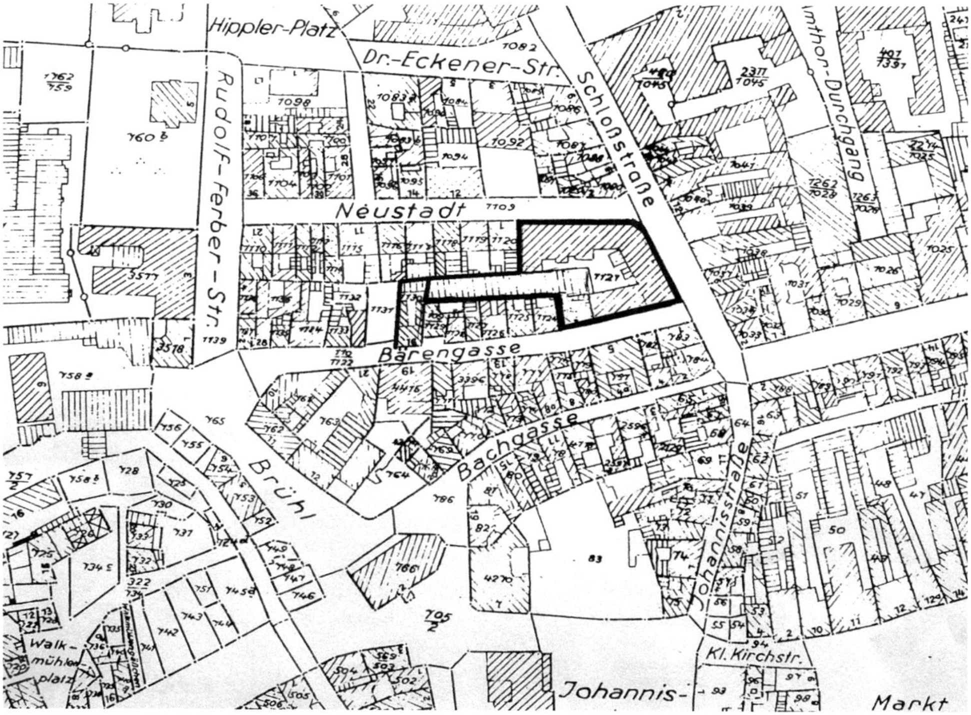

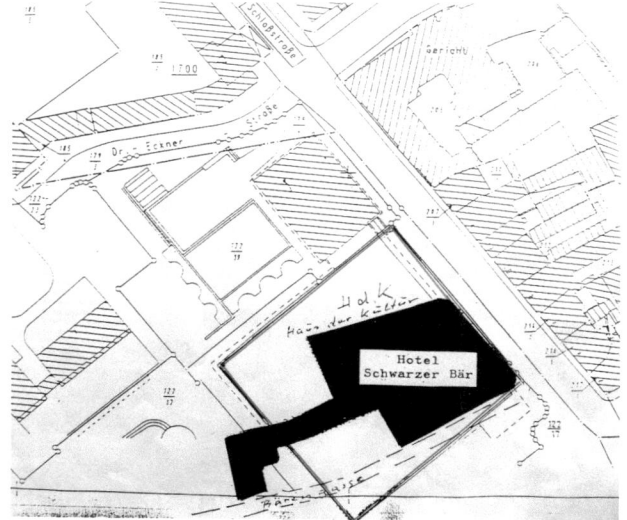

Oben: Ausschnitt aus einer
Flurkarte des Katasteramtes
Gera von 1932. Die umran-
dete Fläche zeigt Standort
und Größe des Hotels
"Schwarzer Bär".
Karte rechts: Die Fläche
des ehemaligen Hotels
vom Kultur- und Kongreß-
zentrum überbaut.

ANHANG

Beinhorn-Rosemeyer, Elly
*30. Mai 1907 in Hannover
Schon als junges Mädchen hatte sie großes Interesse an Abenteuern, wollte für den Tierpark Hagenbeck in Hamburg als Tierfängerin arbeiten, bekam aber keine Anstellung. Der Aeroclub in Hannover lehnte die Ausbildung zur Fliegerin ab. In Berlin erreichte sie ihr Ziel. Sie wagte viele spekatäkuläre Flüge, wie 1932 die Weltumrundung im Alleinflug. Es folgten viele aufsehenerregende Flüge, die sie zur "berühmtesten Frau Deutschlands" machten. 1936 heiratete sie den Autorennfahrer Bernd Rosemeyer, der bei einer Testfahrt mit Rekordversuch auf der Autobahn nahe Darmstadt bei 430 Km/h tödlich verunglückte. Im Krieg war sie fliegerisch nicht tätig. Nach 1945 nahm sie über die Schweiz wieder ihre Fliegerei auf, gab 1979 mit 72 Jahren freiwillig ihren Pilotenschein ab.

Dix, Otto
*2. Dezember 1891 im Geraer Stadtteil Untermhaus; †25. Juli 1969 in Singen
Nach einer Lehre in Gera als Dekorationsmaler studierte er mit Unterstützung des Fürsten von Reuß an der Kunstgewerbeschule in Dresden. Er leistet freiwillig Kriegsdienst. Das Grauen des Krieges thematisiert er in vielen Bildern. Er gründet in Dresden die "Gruppe 1919" der "Dresdner Seccession" mit Conrad Felixmüller. In seinen Bildern setzt er sich kritisch in dadaistischen Collagen mit der Gesellschaft auseinander. Seine Kunst wird unter den Nazis als "entartet" diffamiert. Seine Werke werden aus Museen entfernt, zum Teil verbrannt. Er zieht sich in die innerer Emigration zurück, lebt in Hemmenhofen am Bodensee. Wird noch 1945 in den Volkssturm eingezogen und gerät in Französiche Kriegsgefangenschaft. 1955 Teilnahme an der Documenta I in Kassel; arbeitet jährlich in Dresden. Nimmt aber nicht mehr seinen ursprünglichen Malstil wieder auf. Dix erhält in den folgenden Jahren viele Würdigungen, wird u.a. Ehrenbürger der Stadt Gera.

Dorsch, Käthe
*29. Dezember 1890 in Neumarkt, Oberpfalz; †25. Dezember 1957 in Wien
Begann als Operettensoubrette ihre Karriere in Mainz, später ging sie nach Wien und wurde Schauspielerin am Burgtheater. Sie wirkte auch in zahlreichen Filmen mit.

George, Heinrich
*9. Oktober 1893 in Stettin;
†25. September 1946 im ehemaligen Konzentrationslager Sachsenhausen
Zuerst Bühnen- ab den 1920er Jahren Filmschauspieler, hat ca 80 Filme gedreht, u.a. "Metropolis" (1926), "Berlin Alexanderplatz" (1931), "Jud Süß" (1940) Spielt unter Bert Brecht, engagiert sich für die Kommunistische Partei. Wird vom NS Regime zuerst vom Spielbetrieb ausgeschlossen, arrangiert sich aber mit den Machthabern. Wird Intendant am "Schiller Theater" in Berlin. Ist ab 1933 mit der Schauspielerin Berta Drews verheiratet, 1938 wird der Sohn Götz George geboren. 1945 wird er denunziert und vom sowjetischen Geheimdienst in Hohenschönhausen, dann im ehemaligen Konzentrationslager Sachsenhausen interniert, wo er mit 52 Jahren stirbt.

Köberlein, Friedrich
*ca. 1854 in Wiesbaden; †17.06.1922 in Gera
Architekt und Hofbaurat, nach seinen Entwürfen wurden zahlreiche Gebäude in der Stadt errichtet, u.a. Umbau Deutsches Haus, Schule Bieblach, Villa Goethestraße 1, Turmanbau an der Trinitatiskirche (1899), Wohn- und Geschäftshaus Leipziger Str. 29 (1893), Villa Straße des Friedens 106 (1895), Kaiser Wilhelm Turm (Fuchsturm 1901)

Porten, Henny
*7. Januar 1890 in Magdeburg; †15. Oktober 1960 in Berlin
War Schauspielerin und Star des deutschen Stummfilms. Ihr Vater war ursprünglich Opernsänger, übernahm die Leitung des Stadttheaters in Dortmund, dann zog die Familie nach Berlin. Henny stand schon als 11jährige vor der Kamera. 1911 spielte sie in "Liebesglück einer Blinden", das Drehbuch stammte von ihrer Schwester Rosa Porten, es war der erste Film mit einer in sich geschlossenen Handlung. Es folgten die berühmten Filme z.B. "Irrungen", "Rose Bernd". Sie gründete eine eigene Filmproduktionsgesellschaft. In "Skandal um Eva" hatte sie ein erfolgreiches Debüt im Tonfilm. In der Nazizeit weigerte sie sich, sich von ihrem jüdischen Mann zu trennen, wurde daraufhin boykottiert. Nach dem Krieg war sie für die DEFA tätig. Sie lebte viele Jahre in Berlin-Tiergarten im Haus des heutigen Café Einstein.

Quadflieg, Will

* 15. September 1914 in Oberhausen; † 27. November 2003 in Heilsbronn bei Bremen

Der deutsche Schauspieler Will Quadflieg gehörte zu den besten Theaterdarstellern Deutschlands. Er brillierte in zahlreichen klassischen Stücken. Unvergessen ist seine Darstellung des "Faust" unter Gustav Gründgens am Deutschen Schauspielhaus in Hamburg, 1957. Lange Zeit gehörte er keinem Ensemble an, bis ihn Jürgen Flimm an das Thalia Theater Hamburg holte, dem er bis zu seinem Tod angehörte und noch im hohen Alter herausragende Rollen spielte. Darüber hinaus wurde er als Rezitator populär, mit seiner eindrucksvollen Stimme gab er klasssichen und neuzeitlichen Texten besondere Gewichtung. Will Quadflieg war ein politischer Mensch, der sich um Unterdückte, auch Tiere sorgte, und sich für sie einsetzte und seine Meinung deutlich und konsequent äußerte.

Reitsch, Hanna

*29. März 1912 in Hirschberg/Riesengeb., Schlesien; †24.August 1979 in Frankfurt/Main

Als junges Mädchen faßte sie bereits den Berufswunsch "fliegende Missionsärztin". Das begonnene Medizinstudium gab sie zu Gunsten der Fliegerei auf und wurde eine der bekanntesten, wagemutigsten und erfolgreichsten deutschen Fliegerinnen des 20. Jahrhunderts. Sie flog 40 Rekorde in allen Klassen und Flugzeugtypen, vom Segelflugzeug bis zum Raketenflugzeug. Im Dritten Reich war sie Testpilotin der deutschen Luftwaffe, erhielt das Eiserne Kreuz erster und zweiter Klasse (das EK I als einzige Frau in der deutschen Geschichte) und das "Goldene Militärfliegerabzeichen mit Diamanten". Auch nach dem Krieg setzte sie die Fliegerei fort, vorwiegend im Ausland z.B. in Ghana, wo sie eine Segelflugschule aufbaute. Hanna Reitsch flog bis zu ihrem Lebensende. 67 jährig starb sie 1979 an akutem Herzversagen in Frankfurt/Main.

Stötzner, Walther

*13. April1862 in Gera; †23.Septmeber 1965 in Gera

Forscher in Asien. Er wurde als der vierter Sohn "eines wohlhabenden Hotelbesitzers in Gera" (Angabe von W. Stötzner selbst) am 13. April 1882 geboren. Zunächst besuchte er das Gymnasium in Gera. Sein Vater verstarb 1892, die Mutter verkaufte das Hotel "Schwarzer Bär" 1895. Sie zogen nach Dresden, wo er das Gymnasium besuchte. Er wollte Architekt werden, besuchte die Staatsbauschule in Zittau und studierte 4 Semester an der TH in München. 1907 bot sich ihm die Möglichkeit an einer entomologischen Sammelreise, die vom Königlich Zoologischen und Anthropologisch-Ethnographischen Museum in Dresden ausgerichtet wurde, anzuschließen. Er durchreiste Turkestan und Persien. In späteren Jahren reiste er ins Innere Asiens, durch das Altai-Gebirge, die Mongolei nach China, weiter nach Korea, Japan und mit der "Trans-Sib" zurück. Der große Erfolg, der ihm in der Heimat bestätigt wurde, veranlasste ihn 1913 bereits zu einer neuen Tibetexpedition zu starten. Insgesamt, zeitlich kriegsbedingt unterbrochen, hat er achteinhalb Jahre in Asien gearbeitet und geforscht. Seine völkerkundlichen und zoologischen Sammlungen sind größtenteils an das Dresdner Museum gegangen, aber auch Wien, Mannheim und Hamburg haben Sammlungen gekauft. Beim Angriff am 13, Februar 1945 auf Dresden wurde er völlig ausgebombt. Er lebte als Fürsorgeempfänger in Oelsengrund bei Gottleuba. Später erhielt er eine ”Ehrenrente” des Arbeiter und Bauernstaates. Ab 1964 lebt er im Geraer Joliot-Curie-Heim, wo er am 23.10.1965 stirbt.

Thomalla, Georg
*14. Februar 1915 in Kattowitz, Schlesien; †25. August 1999 in Starnberg
Lernte zunächst Koch, schloß sich dann als Schauspieler einer Wanderbühne an. Spielte in den 1930er Jahren in Gelsenkirchen und Gera. Erlebte Erfolge als Boulevardschauspieler und Komödiant. Wirkte in mehr als 120 Filmen mit. Sein Schaffen ist von seiner Stimme geprägt. Er war der Synchronsprecher für Jack Lemmon, dem er seit dem berühmten Film "Manche mögen's heiß" seine Stimme lieh.

Udet, Ernst
*16. April 1896 in Frankfurt/Main; †17. November 1941 in Berlin (Selbstmord)
Begeisterte sich schon früh für das damals junge Flugwesen. Ging im ersten Weltkrieg freiwillig zum Militär, als Motorradmelder. Absolvierte eine Pilotenausbildung, flog ab 1916 Beobachtungsflüge über der Westfront. Er war ein unerschrockener Flieger, der viel riskierte, aber nur schwer Gegner abschießen konnte. Trotzdem errang er mehrere Luftsiege, den Krieg beendete er als zweitbester deutscher Jagdflieger nach Manfred von Richthofen. Während der Nachkriegszeit verdiente er sich sein Geld mit Schauflügen. In der Nazizeit trat er der NSDAP bei, erhielt den Titel ”Generalflugzeugmeister”. Wenig Erfolg hatte er in der Luftschlacht um England und sank in der Gunst des Regimes. Er beendet sein Leben mit Selbstmord, der mit Absturz in Erprobung einer neuen Waffe vertuscht wurde.

Bildnachweis:
Postkarten aus der Sammlung
Hartmut Großmann, Gera:
Seite 4/5, 35-39, 46-49, 56, 76, 95, 99/100, Titel
Stadtarchiv Gera: 11, 86/87, 103
Sammlung Nöldner: 8/9
Privat: alle anderen Abbildungen

DANK

Ich danke allen, die mich ermunterten dieses
Büchlein zu schreiben und mich so engagiert bei der
Verwirklichung unterstützten:
Meiner Tochter Margot Schmidt, Hamburg,
Katrin Dommermuth, Hamburg
und Hartmut Großmann, Gera.

Hamburg, September 2004